立金银行培训中心银行产品经理资格考试丛书

银行公司业务新产品、新思路培训

立金银行培训中心　著

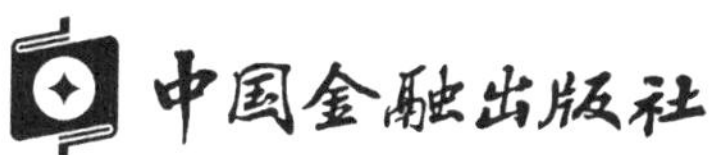

责任编辑：肖丽敏
责任校对：刘　明
责任印制：丁淮宾

图书在版编目（CIP）数据

银行公司业务新产品、新思路培训（Yinhang Gongsi Yewu Xinchanpin、Xinsilu Peixun）/立金银行培训中心著．—北京：中国金融出版社，2014.5
（立金银行培训中心银行产品经理资格考试丛书）
ISBN 978－7－5049－7027－5

Ⅰ．①银…　Ⅱ．①立…　Ⅲ．①银行业务—职工培训—教材
Ⅳ．①F830.4

中国版本图书馆 CIP 数据核字（2013）第 137623 号

出版
发行　中国金融出版社
社址　北京市丰台区益泽路 2 号
市场开发部　（010）63266347，63805472，63439533（传真）
网 上 书 店　http://www.chinafph.com
（010）63286832，63365686（传真）
读者服务部　（010）66070833，62568380
邮编　100071
经销　新华书店
印刷　北京市松源印刷有限公司
装订　平阳装订厂
尺寸　169 毫米×239 毫米
印张　14.25
字数　232 千
版次　2014 年 5 月第 1 版
印次　2017 年 1 月第 2 次印刷
定价　38.00 元
ISBN 978－7－5049－7027－5/F.6587

拉存款，就这几招
（代序）

现代商业银行的金融创新一日千里。每年层出不穷的新产品，让我们学习的步伐都快跟不上了。针对如何学习和使用新产品，我们立金银行培训中心组织专家，对近两年流行的最新信贷产品进行了总结。

我们都是拉存款的客户经理，拉存款的生活让我们心焦，到底该怎样拉存款呢？我告诉大家一个秘密，其实，存款不是拉来的，而是设计出来的。究竟该怎样设计存款呢？

一、先修大坝、后放贷款

设计存款的关键，是先在前面修条大坝，然后：（1）投放贷款，通过大坝将贷款堵住，延缓现金流动的速度，从而实现吸收运动中的存款；（2）企业自身的经营现金流滚滚而来，银行可以实现可观的存款。

以表外工具修坝；以有目的的表内工具投放控制企业的现金流，实现"以方案设计存款"的目的；银行可以通过信贷工具，人为控制企业经营现金流的速度。

举个很简单的例子，我们营销了北京京奥钢铁有限公司，这个公司的下游有大量的二级经销商，我们设计授信方案，银行提供给北京京奥钢铁有限公司担保额度，由北京京奥钢铁有限公司向我们银行推荐二级经销商，并提供担保，我们给二级经销商办理贷款支付给北京京奥钢铁有限公司，然后在北京京奥钢铁有限公司冻结办理全额保证金银票，我们就吸收了可观的存款。

二、多开票据、适度贷款

其实，做存款跟银行公司业务的经营思路是高度相关的，如果你的思路是多开银行承兑汇票，而且适度增长贷款，你的存款一定是高速增长的。

1. 开立银票、保证金续存

开立银行承兑汇票，要求极低的保证金，例如仅要 10%，要求企业填满

敞口的速度为2个月。很简单的思路，针对周转速度极快的经销商，这类经销商的周转速度非常快，通常在50天左右周转一次。这类经销商其他银行都要求50%的保证金，我们可以设计这样一个授信思路，为企业办理1 000万元的银行承兑汇票，保证金仅要求10%，但是，要求企业必须在2个月之内回填敞口，这样我们就可以吸收可观的保证金存款。

这里给广大客户经理作出一个非常真诚的提示，银行承兑汇票是吸收存款的王牌工具，表外做存款，表内做利润。

2. 先开立国内信用证，后做保理

例如：为煤炭经销商签发国内信用证，要求较低的保证金，要求企业以保理融资封闭国内信用证的敞口。

很多人说，保证金存款都是泡沫的。其实，不然。根据我从业商业银行10多年的经验总结，银行为企业办理银行承兑汇票，我们吸收可观的保证金存款，这个银行承兑汇票必须对应真实的贸易背景。因为企业的经营是连续的，每年都需要不断开立银行承兑汇票。随着企业每年销售额的增长，银行开立银票的总额也是不断增长的，银行的存款自然稳定增长。如果银行为企业办理的银行承兑汇票没有贸易背景，这类保证金存款才是真正有泡沫的。

三、不要销售产品，而是销售方案

做商业银行是有思路的，必须精心设计授信方案，不要去销售产品，而应当是销售金融服务方案。存款蕴含在方案中，产品不会有存款。我们的客户经理要能够根据客户的经营特点、经营商业模式、企业的采购和销售规律等，设计合理化的金融服务方案，因为单独地销售标准化的银行产品只会收益较差。

在这里，真诚地祝福每位银行客户经理的职业生涯一帆风顺。

陈立金

二〇一三年七月

目　录

一、交易资金见证监管

交易资金见证监管属于银行拓展业务最有价值的产品之一，可以拓展极为可观的存款，资金沉淀期限长，金额大，非常受欢迎。广大银行应当高度重视资金监管业务带来的存款，其属于标准的绿色存款。

【产品定义】

交易资金见证监管服务是指银行为存在资金监管需求的委托各方提供的一项专业中介服务。银行根据协议约定，开立交易资金监管专用账户，将委托方需要监管的资金纳入专户进行监管，按照交易资金协议的约定完成监管资金的划转或退回。

【产品优势】

1. 资金保值，银行为客户监管的资金提供理财增值服务。相对于买方直接将资金支付给卖方，资金的安全和收益都可以得到保证。资金保值，买方将资金存入银行可以获得存款利息收入，交易期间资金可保值。

2. 可以给银行贡献非常可观的存款，数量极大，而且非常稳定。

3. 安全可靠，买方不必再担心付款后因卖方违约而得不到交易合同中约定的货物或服务，银行资金托管服务使买方能在交易合同约定条件实现后再安心付款。

卖方不必再担心提供货物或服务后因买方违约而钱货两空，银行资金托管服务使卖方能够在转让交易合同约定货物或服务的同时收款。

【点评】

“交易资金”资金托管服务是指银行为货物、服务交易或存在资金托管需求的双方（或多方）提供信用中介，一方先将资金存入银行并暂时冻结，待另一方提供了双方约定的货物或服务，或满足了双方约定的其他事项，银行按照协议约定协助完成资金的划转；若双方未达成交易或未实现双方约定的其他事项，银行按协议约定退回交易资金。若交易双方需要银行移交权证，银行则根据协议约定协助完成相关权益证明的交换。

【适用客户】

“交易资金”资金托管的服务对象为从事商品贸易、房产买卖、股权转让等交易以及留学移民旅游等中介服务或有资金监管需求的国内外自然人、法人。产品服务领域从传统的商品交易、房产交易（主要是二手房）、土地交易扩展到股权转让、留学移民旅游中介、各类保证金监管等新兴领域，以创新的理念满足各类客户灵活多样的市场需求。

【业务流程】

以下为客户办理“交易资金”资金托管业务的通用流程（见图1）。

1. 提出申请

交易双方向行业务部门提出办理资金托管业务申请（口头或书面形式均可），并提供营业执照或身份证件及交易合同等相关有效文件的复印件供银行备案。授权代理人订立协议的，应同时出具授权委托书。

2. 协议签订

交易双方与银行就资金托管服务达成一致意见后，共同签订资金托管协议。

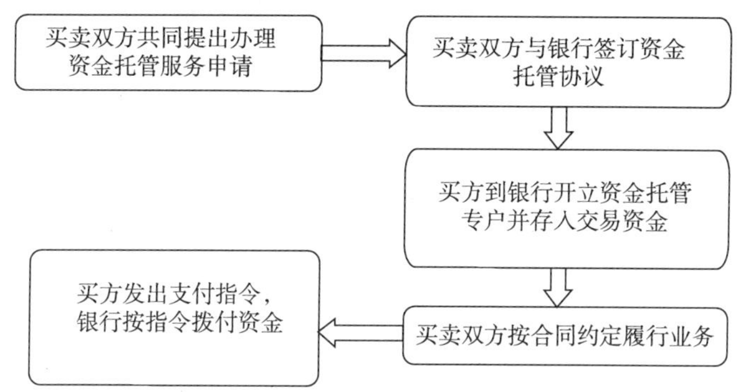

图1 “交易资金”资金托管业务通用流程

3. 费用收取

根据协议约定，交易双方或一方持协议与营业执照或身份证件，到银行会计柜台支付“交易资金”资金托管业务手续费。

4. 开立账户

交易双方按协议规定，在银行开立资金托管账户。交易双方须持协议和有效身份证件等开户资料，到会计柜台办理开户手续。

5. 存入资金

在协议规定的期限内，买方可采用一次性付款或分期付款两种方式将资金存入托管账户。

6. 签发支付指令

卖方提供交易双方约定的货物或服务后，将有关权益证明提交买方验收无误后（涉及权证过户的，须待相关权证过户到买方后），买方签发支付指令，通知银行将交易资金划入协议中规定的卖方指定账户。

银行则根据协议约定完成相关权益证明的交换。该项业务适用于商品交易、房产买卖（主要是二手房）、股权转让、土地使用权转让、家居装修、各类中介服务（如留学和移民中介等）、各类保证金、信贷资金监管等。

【营销建议】

交易资金监管可以针对大宗商品交易市场营销。资金监管是大宗商品交易市场业务的发展基础，各商业银行与大宗商品交易市场之间的主要业务往

来仍属于标准的支付结算服务。交易市场引入银行进行监管，专款专用，买卖双方一旦达成成交意向，并完成交易，银行接到双方成交指令，放款给卖方，很好地规避了交易商的信用风险，真正解决了买卖双方在交易过程中互相担心，不敢先交款或者不敢先交货的问题。银行配合大宗商品交易市场，通过直连对接方式提高业务处理能力，扩大客户规模，促进健康发展，以满足更安全、更高效、更规范的监管要求。

虽然大宗交易市场可以引入多家银行进行资金监管，但是各银行应重视优质交易会员交易结算账户签约绑定监管银行具有唯一性和排他性的特点，尽早与大宗交易市场实现系统对接，使得其旗下的优质交易会员优先选择自身作为其唯一的交易结算银行，确保交易保证金资金在本银行沉淀。

1. 在特定的大额商务交易中使用

该产品多在股权收购、大宗土地交易中使用，如股权交易过程较为复杂，需要股东大会的讨论通过，需要完成过户变更等，时间较长、不确定性因素较多，因而买卖双方都希望可以有效地制约对方，保证彼此的交易安全的情况下，该产品便应运而生。该产品再次说明银行是经营信用的，没有信用，银行将寸步难行。

2. 可以与贷款业务捆绑销售

在实践操作中，商业银行一般将交易资金见证监管业务与封闭贷款业务捆绑在一起，在买方提交商务合同资料及其本身的财务状况资料后，商业银行首先对买方进行授信评估，确认可以获得授信额度后，商业银行首先发放一笔流动资金贷款，其次按照交易资金见证监管业务的规定进行监管，通过这种操作，银行可以获得贷款利息收入、存款资金收入双重收益等超额回报。中国企业在境外进行并购的时候，对方国家政府经常要求中国企业提供其在商业银行的资金存款证明及银行的履约保函。

【点评】

商业银行应当非常重视该交易资金见证监管业务。随着市场经济的不断成熟，企业之间的并购越来越多，需要银行居间监管交易资金以促进交易顺利进行的情况将越来越多，发展该业务前途广阔。

银行的最大优势在于其良好的信誉受到公众认可，交易双方都认为资金交由银行监管可以保证双方的安全。在很多行业，交易程序复杂，透明度不高，一般都需要银行居间监管资金。通常银行以见到某权威机构出具的证明文件为履约完成的标志，安排划拨交易资金，这样的操作对银行而言较为简单，省去了买卖双方可能的纠葛。

【存款贡献分析】

可以达到五星级吸收存款的产品，属于非常强势的吸收存款的工具，效果极为突出。

【文本】

交易资金监管见证书

一、基础交易描述

买方：

卖方：

1. 根据________，（买方）（卖方）签订的商务合同（编号）约定，卖方将在日前完成合同履约。以卖方获得资金为完成合同履约依据。

2. 买方同意：将商务合同（编号）项下的支付资金全部交存在（银行），在卖方按照第一条约定履约完毕后，同意（银行）将该笔资金支付给（卖方）。

3. 卖方同意：如本方没有能够按照第一条约定履约，本方不会向买方提出任何的资金索偿要求，已经执行交易所支出的费用由本方自行承担。

买方：

（签章）

卖方：

（签章）

二、银行保证

本行清楚知晓买卖双方的约定，本行在此承诺：在________日前，以本

行见到卖方提供的资金作为合同履约完成的标志，本行将买方在本行监管的资金全部划拨给卖方；否则，本行将全额资金划还给买方。

××银行

××××年××月××日

（一式三份，买方一份、卖方一份、银行一份）

【案例】青岛市海洋电器制造公司交易资金见证监管业务

一、企业基本情况

青岛市海洋电器制造公司是青岛市著名的大型电器制造企业，公司注册资本高达6亿元人民币。公司经营范围包括：家电的制造及销售、土地的开发经营、商品信息服务等。公司准备收购广东新祥科贸集团持有的广东新祥股份有限公司的全部国有股股份，收购金额高达56亿元人民币。由于交易需要涉及股东大会讨论、完成交易所的过户变更等程序，过程复杂，不确定性因素较多，同时交易金额巨大，因而双方对于付款条件一直在谈判中。

二、银行切入点分析

某银行长期跟踪青岛市海洋电器制造公司，发现青岛市海洋电器制造公司准备的此次交易机会，该银行认为可以向其提供交易资金见证监管业务，并积极向青岛市海洋电器制造公司进行游说，由该银行居间保证交易的安全。经过不断地营销，青岛市海洋电器制造公司和广东新祥科贸集团协商后，双方同意由银行居间担保。

三、银企合作情况

某国有商业银行青岛分行在青岛市海洋电器制造公司授信额度获得批准后，向其发放2亿元人民币1年期贷款（青岛市海洋电器制造公司承诺，如在股权过户日前银行贷款到期，青岛市海洋电器制造公司将2亿元银行贷款全部还清，并继续提供2亿元现金作为担保）。另外，青岛市海洋电器制造公司提供36亿元人民币资金，办理36亿元的定期存款，进行冻结质押后，银行向交易双方出具了交易资金监管见证书。在完成股权过户变更，广东新祥科贸集团提交××交易所的股权过户变更通知书后，银行将56亿元监管资金全部划入广东新祥科贸集团账户。

【点评】

类似青岛市海洋电器制造公司这样的股权收购客户很多，这类客户的一个共同特点就是，虽然非常渴望交易的完成，但是因为交易的过程存在太多不确定性而顾虑重重，银行居间交易资金见证监管就可以有效地确保交易的完成。银行在营销客户的时候，切勿一味地推销自己的流动资金贷款等常规产品，而应当根据企业在现实的经营过程中遇到的问题，合理组合银行的产品，这样的话可以说切入企业的机会无时不在，对企业而言，银行存在的价值会更大。

二、大宗交易市场会员融资

商业银行要高度重视各类交易市场，因为它会给银行带来非常庞大的客户群体，而且各类交易市场一般都从事资金监管业务，会给银行带来可观的资金沉淀。

【产品定义】

交易会员短期融资解决方案是银行接受交易会员以其拥有的货权、债权等资产作质押而提出的融资申请，经审核后，向交易会员提供多种相关产品的组合服务。

在实际业务开展过程中，应注意质押项下货物必须具备无形损耗小、不易变形、易于长期保管、市场价格稳定、波动小、不易过时、用途广、易变现等特征。交易会员出于采购、扩大规模、做行情的考虑，愿意增加交易量，融资需求较为旺盛。在此情况下，可采取物流公司或者第三方外部监管机构提供货物监管的方式，开展现货电子仓单质押在线融资业务。

【业务操作模式】

1. 卖方融资模式

卖方融资模式是指卖方基于监管仓储出具的提单，在电子交易市场注册电子仓单，向银行申请电子仓单质押流动资金贷款业务，经市场配合银行办理电子仓单质押手续后，给予不超过质物价格乘以质押方案要求的质押率的质押贷款，受信企业批量还款、批量赎货。

卖方融资模式风险缓释手段：卖方企业提供“电子仓单质押”，质押率不得超过质押方案要求质押率；大宗市场先行垫款，银行转让电子仓单；大宗市场或监管仓储承担连带保证责任。

2. 买方融资模式

买方融资模式是指买方基于大宗市场电子交易平台达成电子订购协议，在交割日前承诺以未来货权（注册电子仓单）提供质押担保，向银行申请给予不超过质物价格乘以质押方案要求的质押率的预付款融资，由银行控制货权，监管仓储受托保管货物，买方向银行批量还款、批量赎货。

买方融资模式风险缓释手段：买方企业提供未来货权“电子仓单质押”，质押率不得超过质押方案要求的质押率；大宗市场先行垫款，银行转让电子仓单；大宗市场或监管仓储承担连带保证责任；订金冻结为履约保证金，由银行监管。

【适用客户】

设计贷款方案时应重点考虑大宗商品交易市场的主要交易品种、交易品种的仓储特点、质检标准及要求，特别是卖方发货周期、买卖双方的交收方式及交收周期等，根据实际情况为客户设计具有可操作性的开发建设融资方案。

具体包括大宗棉花交易市场、大宗橡胶交易市场、大宗塑料交易市场等。

【产品优势】

一、银行收益

1. 可以借助大宗交易市场的力量，批发营销一批交易所会员单位，银行营销成本极低，效率较高。将这些交易市场视为渠道，利用这些渠道发展客户的方式比自己一个一个营销要高效得多。

2. 可以给银行贡献非常可观的存款。由于交易市场一般都会对会员交易的资金进行监管，这部分资金沉淀在银行，资金量较大，而且会有很稳定的沉淀余额。

二、企业优势

银行为交易会员提供融资便利，提高交易会员资金使用效率，同时能扩大交易会员产品销售，降低成本，增加经营利润。

【营销建议】

以主流大宗商品的交易市场作为营销对象，如钢铁类、石油类、化工类、木材类、棉花类等商品，此类主流大宗商品市场的交易量巨大。单货价格在数千元以上，有助于银行的保证金存款，同时会带来更多的资金沉淀。

大宗商品交易市场属于买卖双方的中间平台，是传统批发零售行业的一种创新型延伸，具有集约化、统一化等特点。银行提供的整体服务方案就是交易和融资相结合的服务方案，银行可以借助交易市场对商户进行批量营销。

【案例】哈尔滨国家粮食交易中心推荐会员融资案例

一、企业基本概况

1. 哈尔滨国家粮食交易中心

核心企业——哈尔滨国家粮食交易中心成立于1989年，由黑龙江省政府主办，省粮食局承办，开办资金6 840万元，款项来源：由上级主管单位全额划款。哈尔滨国家粮食交易中心的成立，依托于国家粮食交易中心的全国统一销售平台，对促进区域经济协调发展，特别是对黑龙江省实施千亿斤粮食产能工程、促进粮食生产和产销衔接、搞活粮食流通、服务国家宏观调控方面，发挥着更加积极的稳定市场、高效调控市场的作用。该中心成立20多年来，经历了粮食市场体系的重要历史变迁，承担了国家政策性粮食、中央专储备粮、地方储备粮、陈化粮进场及交易的管理工作，也为粮油价格的监测和市场发展的规范及时提供相关信息的咨询服务。经过多年的发展，哈尔滨粮食交易中心近年来年均交易量达500万吨，玉米产量占全国的10%，净调出量占全国的20%；大豆产量占全国的40%，净调出量占全国的90%以上；水稻产量占全国粳稻产量的30%左右，净调出量占全国粳稻净调出量的50%以上；粮食产量居全国第一位，粮食商品量和净出量均居全国第一位。该中心现已成为国家粮食局重点的粮食批发市场之一，是集交易、结算、信息、物流、期货代理服务于一体的大型国家级粮食交易中心。

2. 黑龙江新泰油脂集团有限公司，集团公司注册资金3 068万元，占地面积3.2万平方米，资产总额5 012万元，其中：固定资产1 611万元，流

动资金 1 467 万元。现有员工 170 人，其中具有大中专以上学历的专业技术人员 15 人，具有较强的可研发能力。黑龙江新泰油脂集团现有两个油脂公司、两个米业公司、一个空心砖厂，先后几次投资设备改造、新建企业，扩大生产规模，年生产力达 9 万吨大豆、水稻，成为加工大豆、水稻及经销于一体的大型粮油集团公司。就本部 2009 年销售收入 10 055 万元，利税 26 万元；2010 年销售收入 17 279 万元，利税 31 万元，2011 年销售收入 13 932 万元，实现利润 31 万元。2006 年获黑龙江省农业产业化龙头企业称号，集团公司董事长许景阳同志几年来一直被评为市（县）民营企业家及劳动模范。

集团公司的主要产品：优质豆油、豆粕、有绿色标识“景义牌精制大米”。多年来，产品依靠过硬的质量，获得良好的企业效益，占有一定的销售市场，一直畅销北京、广东、上海、江浙、河南及东北等国内十几个省（市），产销率达到 100%，每年需求量不断增加，发展前景十分乐观。

目前，集团公司已经发展成为规模较大的大豆、水稻等农副产品与农产品生产加工企业。凭着多年的行业经验，不仅培养自身理企业、驾驭市场的能力，而且丰富了经商办企业的能力，在油脂行业中颇有名气。在十几年的油脂生产经营中，集团公司实现了很可观的经济效益，并被评为黑龙江省产业化龙头企业，企业的高管均受过高等教育，且非常重视企业信誉，企业经营以来未出现过银行信用不良记录。

二、银行授信方案

1. 方案。由哈尔滨国家粮食交易中心向银行推荐其注册会员，以哈尔滨国家粮食交易中心出具的“竞价交易出库通知单”作为质押，同时哈尔滨国家粮食交易中心对其推荐会员在银行的融资提供阶段性担保。

操作模式：提货权质押。

标的物：哈尔滨国家粮食交易中心交易品种。

货权形式：静态。

监管人：哈尔滨国家粮食交易中心。

仓储地点：各国家及地方粮食储备仓库。

质押率：80%。

融资期限：三个月或六个月。

资金用途：定向支付给哈尔滨国家粮食交易中心中标粮款。

2. 措施。

（1）借款人在哈尔滨国家粮食交易中心存入不低于5%的履约保证金和在银行存入不低于20%的首付款；

（2）每当市场价格下跌10%时，借款人进行补款。如果申请人不能按要求进行补款，则通过哈尔滨国家粮食交易中心进行变卖。

3. 借款人弃货的风险。

措施：通过哈尔滨国家粮食交易中心的平台进行变卖。

4. 其他风险。

（1）在银行已为中标借款人融资付款到银行收到哈尔滨国家粮食交易中心出具的“竞价交易出库通知单”期间存在的风险；

（2）为中标借款人贷款使用三个月后，因未能出具新的粮食质检报告（取得国家或省级资格的粮食质检检验部门所出具）和承储库续租协议，而委托哈尔滨国家粮食交易中心处置质押物并清偿贷款本息期间存在的风险；

（3）为借款人在发生贷款逾期后，甲方委托乙方处置质押物并清偿贷款本息期间的风险。

以上三种情况由哈尔滨国家粮食交易中心提供连带责任保证。

三、保证金专户理财业务

对办理银行承兑汇票、信用证等客户的保证金提供理财服务一直是各客户最关注的问题，如果能够给客户的保证金提供理财服务，无疑可以极大地促进本行的保证金业务和表外业务的发展。

【产品定义】

保证金专户理财业务为银行对在本行开立银行承兑汇票、进口信用证等业务的客户存入的保证金提供理财服务，为客户实现理财增值的一种业务。

【适用客户】

该产品适用于对保证金理财有较高要求的客户。通常都是大型企业，或是外资企业，企业经营规模较大。这部分客户通常在经营采购活动中使用银行承兑汇票和国内信用证，由于这类客户相对供应商处于强势地位，而且自身资金状况较好，会对保证金理财有较高的要求。

【银行收益】

该产品会给银行贡献非常可观的存款回报。银行提供保证金账户理财，一般都会要求客户配比一定比例的全额保证金银行承兑汇票等，以提高银行的综合收益，降低银行提供保证金理财的成本。

【存款贡献分析】

银行能改变保证金账户资金低收益的现状，为交易保证金的保值增值提供专属理财产品。考虑到交易保证金账户内资金流动性强、期限短的特点，

该类理财产品具备零风险、高收益的特点，7 天、14 天、30 天、2 个月、3 个月自动滚动理财，该类基金流动性高，每个单一投资期可预约申购赎回，本金收益 T+0 到账。

【案例】金光纸业（郑州）有限公司（票据）

一、企业基本概况

金光纸业（郑州）有限公司，公司经营范围：各类纸张、纸品以及相关原料、机械设备、办公设备等所需原材料、器件分割、包装、销售、采购和售后服务等。注册资本为250 万美元（全部到位），其中金东纸业（江苏）股份有限公司占 75%，金光纸业（中国）投资有限公司占 25%。公司主要负责金光集团旗下——金东纸业、金华盛、宁波中华、宁波亚洲浆纸以及海南金海浆纸业生产的各类纸品在河南、山西两省的销售及市场开拓［2002 年 8 月在山西太原设立了金光纸业（郑州）有限公司太原分公司］。自 1999 年 10 月成立至今 10 多年来，凭借集团公司整体优势，加大市场开拓，强化内部管理等，经营规模逐渐增加，河南、山西两省的市场占比不断扩大。

二、银行切入点分析

1. 本次授信优势

（1）授信企业在河南、山西两省的纸类销售市场占比较高，公司经营状况和资产质量良好，经营业绩持续增长，现金管理能力强，第一还款来源充沛；

（2）公司所属的金光集团产业布局完整，盈利能力较强，财务管理较强，资产整体实力很强，集团公司在国内纸类行业整体竞争优势明显；

（3）本次授信可以收到中间业务收入、存款收益、国际结算和部分零售业务。

2. 授信分析和风险缓释措施

（1）随着市场经济的发展和人民生活水平的提高，作为经济信息载体的纸类用品的消费量不断增加。该公司作为国内最大造纸集团公司的公司成员，凭借集团整体的技术、设备，完整的产业链条的整体优势，以及完善的管理制度、品牌竞争和价格优势等，具有较强的市场竞争能力，销售收入持续快速增加，盈利能力持续增强，特别是在严格的信用控制之下，较高的经营质量，保证了公司具有充足的经营性现金流量，所以说，公司具有较强的按期足额还款能力。

（2）风险分析以及缓释措施。

①汇率风险：纸类纸品的主要原材料为木浆，但是由于国内森林资源所限，国内40%的木浆需求来源于进口，大多数来源于东南亚、南美洲等，人民币汇率的变化，以及出口国家的环保政策，都可能影响到木浆的价格变化，导致纸制品市场价格起伏波动。经过多年的发展，金光集团拥有了完整的产业布局，木浆自给率远高于同行业，加上人民币升值的趋势，授信期间内汇率风险影响较小。

②金光集团整体的系统风险：集团优势具有双刃剑，一方面能提高公司的竞争力；但是另一方面，诸多偶然因素也会增加，可能会影响到公司的正常经营。最近查询，金光集团与政府建立了良好沟通关系，多次获得政府和社会的好评，认可度很高。

表1　金光集团授信风险分析

供应渠道分析			
	前三名供应商（按金额大小排名）	金额（万元）	占全部采购比率（%）
1	金东纸业（江苏）股份有限公司	19 271.34	36.07
2	海南金海浆纸业有限公司	13 524.79	25.31
3	宁波亚洲纸浆业有限公司	10 197.63	19.08
该公司的供应商均为金光集团下属的造纸类工厂，属于造纸行业国内大型企业，产品质量较高，供货及时稳定，因统一集团下属公司付款条件较为宽松。			
销售渠道分析			
	前三名销售商（按金额大小排名）	金额（万元）	占全部销售比率（%）
1	郑州新纸源工贸有限公司	6 211	11.5
2	河南精诚实业有限公司	6 034	11.2
3	山西省印刷物资总公司	5 036	9.3
该公司对于经销商均采用月结方式收款，对于大型印刷厂最多不会超过3个月。经过10多年的经营，与经销商合作状况良好，售价优惠较多，市场销量稳定增长，付款记录良好，信誉度较高。			

三、银行授信方案

本次授信为首次贷款申请，拟对金光纸业（郑州）有限公司授信总额度为人民币5 000万元，期限12个月，总敞口3 250万元；其中银行承兑汇票

5 000 万元，保证金比例为 35%，敞口 3 250 万元；用于购买各类文化用纸批发销售等。

本次授信由金东纸业（江苏）股份有限公司提供连带责任保证担保。授信品种不可串用，但授信期间内可循环。

表 2　银行授信方案

授信方案						
额度类型	公开授信额度		授信方式	综合授信额度		
授信额度(万元)	5 000.00		授信期限（月）	12		
授信品种	币种	金额(万元)	保证金比例(%)	期限（月）	利/费率	是否循环
银行承兑汇票	人民币	5 000.00	35	12	按银行规定费率执行	是
贷款性质	新增	本次授信敞口（万元）		3 250.00	授信总敞口（万元）	3 250.00
担保方式及内容	保证人：金东纸业（江苏）股份有限公司					
本次拟对金光纸业（郑州）有限公司授信5 000 万元，其中银行承兑汇票5 000 万元，保证金比例为35%，用于购买各类文化用纸批发销售。根据公司业务需求，银行承兑汇票不可以串用其他品种，但在授信期间内可以循环使用。保证金可以用于购买低风险企业债理财产品。						

【点评】

1. 该公司的上游客户多为企业，上游企业接受票据，在该公司的采购环节，银行可以提供银行承兑汇票，以满足客户支付需要。

2. 银行收益：银行可以要求较高比例的保证金，这样可以吸收可观的保证金存款。

四、第三方支付资金存管

第三方支付机构发展极为迅猛，资金沉淀量非常可观，商业银行应当高度重视这个领域。

【产品定义】

第三方支付机构备付金存管业务是指银行依据人民银行《支付机构客户备付金存管暂行办法（征求意见稿）》的有关规定，对依法取得“支付业务许可证”的支付机构所接受的客户备付金的存放、使用、划转进行监督管理的业务。

支付机构只能选择一家商业银行作为备付金存管银行，可以根据业务需要选择多家商业银行作为备付金合作银行。

【政策解读】

人民银行于2010年6月颁布《非金融机构支付服务管理办法》及《非金融机构支付服务管理办法实施细则》，并于2011年11月正式发布《支付机构客户备付金存管暂行办法（征求意见稿）》。

（1）关键名词解释。

客户备付金：客户预存或留存在支付机构的货币资金，以及由支付机构为客户代收或代付的货币资金。

备付金存管银行：为支付机构集中存放客户备付金，复核、调拨客户备付金头寸，归集报告支付机构全部客户备付金信息的商业银行。

备付金合作银行：为便于支付机构通过行内划转方式接受客户备付金，或以行内划转方式办理客户委托的支付业务，为支付机构存放客户备付金的商业银行。

（2）备付金账户的开立。

备付金专用存款账户：支付机构开立的备付金专用存款账户的名称，应当标明支付机构名称和“客户备付金”字样，可划分为备付金收付账户和备付金汇缴账户。

风险准备金专用存款账户：专户存放支付机构按规定计提的风险准备金。该银行账户名称应当注明支付机构名称和“风险准备金”字样。

自有资金账户：关联唯一银行结算账户。

【基本规定】

（1）备付金的存放。备付金只能以活期、定期、协定存款、通知存款四种形式存在。

（2）风险准备金的计提。风险准备金的计提比例不低于其备付金银行账户利息所得的10%，其余资金可转入指定自有资金账户。

支付机构在备付金合作银行开立了5个以上备付金收付账户的，自第5个备付金收付账户起，每新增1个备付金收付账户，其风险准备金的计提比例增加5个百分点，直至计提比例为100%止。

（3）备付金的使用和划转。存放在备付金存管银行的客户备付金不得低于其接受的客户备付金日均余额的50%。

办理备付金资金划转所产生的费用，应当由支付机构自有资金承担。

支付机构按规定以现金为客户办理备付金赎回的，应当先通过自有资金账户办理赎回，再将相应额度的资金从备付金存管银行划转至其自有资金账户。

【业务发展要点】

（1）备付金存管银行具有唯一性。根据人民银行《支付机构客户备付金存管暂行办法》（征求意见稿）的规定，支付机构可以根据业务需要选择商业银行作为备付金存管银行或合作银行。对于第三方支付机构来说，备付金存管银行是唯一的，合作银行可以有多家。这就意味着存管银行将是存款沉淀量最大的银行，而合作银行也会有数量上的考虑，支付机构会将合作银行控制在4家之内。

（2）存款、中间业务收入等综合收益显著。取得第三方支付机构备付金

存管资格将有助于增加银行存款和中间业务收入。据有关部门统计，近年来中国第三方网上支付行业强劲增长。银行一旦成为支付机构的备付金存管银行，支付机构至少有50%的备付金在银行沉淀，这部分存款不仅成本低、稳定性强，而且会逐年增加，同时还可获得托管费、手续费、佣金等中间业务收入。

【客户范围】

客户备付金，指客户预存或留存在支付机构的货币资金，以及由支付机构为客户代收或代付的货币资金。客户备付金包括：

（1）收款人或付款人委托支付机构保管的货币资金；

（2）收款人委托支付机构收取，且支付机构实际收到但尚未付出的货币资金；

（3）付款人委托支付机构支付，但支付机构尚未付出的货币资金；

（4）预付卡中未使用的预付价值对应的货币资金。

支付机构只能选择一家商业银行作为备付金存管银行。支付机构可以根据业务需要选择商业银行作为备付金合作银行。

【备付金银行】

办理备付金存管商业银行应当具备下列条件：

（1）依法在中华人民共和国境内设立；

（2）依法取得证券投资基金托管资格，或总资产超过2 000亿元人民币且符合中国人民银行确定的银行业资本充足率、杠杆率、流动性等监管标准；

（3）具有监督管理客户备付金所必需的人员和职能部门；

（4）具有有效监测客户备付金信息、核对客户备付金账务必要的技术能力，以及与支付机构业务规模相匹配的系统处理能力；

（5）在中华人民共和国境内具有一定数量的分支机构，能够满足支付机构办理支付业务的需要；

（6）具备必要的灾难恢复处理能力和应急处理能力，能够确保业务的连续性。

【基本规定】

支付机构应当与备付金银行的法人机构采用书面形式签订备付金协议，并在备付金协议中明确以下内容：

（1）支付机构划转备付金银行账户内的资金提交的支付指令；

（2）支付机构关于客户备付金的责任；

（3）备付金银行对客户备付金的监督职责；

（4）客户备付金相关数据信息的核对方式；

（5）客户备付金发生损失时支付机构与备付金银行应当分别承担的责任；

（6）关于备付金银行业务连续性的特别责任约定。

上述第（1）项所称支付机构划转备付金银行账户内的资金提交的支付指令，应当明确支付机构在其向备付金银行发送的、拟划转备付金银行账户内资金的支付指令的必须记载事项，包括但不限于资金划转的用途。

【开户规定】

支付机构在备付金银行开立备付金专用存款账户时，除应向备付金银行出具《人民币银行结算账户管理办法》等规定的材料外，还应当提交以下申请材料：

（1）“支付业务许可证”（副本）及复印件；

（2）备付金协议（副本）及复印件；

（3）支付机构所在地中国人民银行分支机构关于其开立备付金专用存款账户的批复文件。

支付机构跨省（自治区、直辖市）开展支付业务的，还应提交该备付金银行的法人机构出具的、同意支付机构在该备付金银行开立备付金专用存款账户的文件。支付机构开立的备付金专用存款账户的名称，应当标明支付机构名称和“客户备付金”字样。

支付机构以活期存款之外的其他形式存放客户备付金的备付金银行账户，应当在其已开立备付金专用存款账户的备付金银行开立。该账户名称应当标明支付机构名称和“客户备付金”字样，该账户资金只能由支付机构在该银

行开立的备付金专用存款账户转存，且到期后应当转回至该备付金专用存款账户。

支付机构按规定可为客户办理备付金赎回的，应当通过备付金专用存款账户划转应赎回的客户备付金，不得使用接受的现金形式客户备付金坐支。

备付金银行账户的资金应专款专用，不得办理现金支取。

【适用客户】

第三方支付公司在国内数量极多，很多都是大名鼎鼎的企业，例如支付宝、快钱、汇付天下等公司，这些公司在银行沉淀的备付金一般都会超过百亿元之巨。

理由非常简单：这些第三方支付机构就如同网络结算银行，从广大网民那里大量吸收存款，然后将资金转存在银行，自身转走资金利差。这些第三方支付机构的资金量远远大于普通的工商企业。

其他第三方支付公司包括：上海德颐网络技术有限公司、上海华势信息科技有限公司、上海大众交通商务有限公司、北京数字王府井科技有限公司、安徽华夏通支付有限公司、海南新生信息技术有限公司、海南海岛一卡通支付网络有限公司、山西兰花大酒店有限公司、安徽省万事通金卡通科技信息服务有限公司、网银在线（北京）科技有限公司、钱袋网（北京）信息技术有限公司、北京通融通信息技术有限公司、联通沃易付网络技术有限公司、北京金科信安科技有限公司、易智付科技（北京）有限公司、北京海科融通信息技术有限公司、北京商银信商业信息服务有限责任公司、北京数码视讯软件技术发展有限公司、上海融兴网络科技有限公司、北京银通时代信息服务有限公司、渤海易生商务服务有限公司、深圳市网购科技有限公司、深圳市神州通付科技有限公司、深圳市快付通金融网络科技服务有限公司、南京国宁易付宝网络科技有限公司、江苏省电子商务服务中心有限责任公司、南京万商商务服务有限公司、上海得仕企业服务有限公司、上海付费通信息服务有限公司、上海富友金融网络技术有限公司、上海富友支付服务有限公司、上海申城通商务有限公司、广州易联商业服务有限公司、广东嘉联支付技术有限公司、重庆易极付科技有限公司、证联融通电子有限公司、贵州汇联通电子商务服务有限公司、深圳市钱宝科技服务有限公司、天翼电子商务有限

公司、上海卡友信息服务有限公司、国付宝信息科技有限公司、上海盛付通电子商务有限公司、上海快钱支付清算信息有限公司、上海通卡投资管理有限公司、北京拉卡拉网络技术有限公司、上海东方电子支付有限公司、现代金融控股（成都）有限公司、浙江余姚中国塑料城网上交易有限公司等。

【银行收益】

可以给银行带来非常可观的存款回报，第三方支付机构普遍经营规模较大，类似网络银行，其账户滞留了大量的存款，比普通的工商企业资金量大很多。

【案例】

财付通（Tenpay）是一个专业的在线支付平台，其核心业务是帮助在互联网上进行交易的双方完成支付和收款，是腾讯公司创办的在线支付平台。财付通与拍拍网、腾讯 QQ 有着很好的融合，按交易额来算，财付通排名第二位，份额为 20%，仅次于阿里巴巴公司的支付宝。

某银行成功营销财付通业务第三方支付机构，财付通在银行滞留保证金存款超过 20 亿元。

【点评】

第三方支付机构是主要的资金渠道类客户，我们无须知晓这些资金到底沉淀在哪里，我们作为商业银行必须知道，这是一笔巨大的资金，会给银行带来巨大的效益。

五、证券公司第三方存管

证券公司可以成为较好的渠道类客户，炒股的资金大户可以作为银行拓展的重点目标客户，银行借助证券公司可以拓展大额储蓄存款。

【产品定义】

证券公司第三方存管是银行对证券公司的客户交易结算资金提供第三方存管业务的一种商业银行中间业务。

证券公司客户交易结算资金第三方存管（以下简称第三方存管）是指按照《中华人民共和国证券法》的有关规定，由商业银行作为独立第三方，为证券公司客户建立客户交易结算资金明细账，通过银证转账实行客户交易结算资金的定向划转，对客户交易结算资金进行监管，并对客户交易结算资金总额与明细账进行账务核对，以监控客户交易结算资金安全。

“第三方存管”的全称是“客户交易结算资金第三方存管”。过去，在证券交易活动中，投资者（即客户）的交易结算资金是由证券公司一家统一存管的。后来，证监会规定，客户的交易结算资金统一交由第三方存管机构存管。这里的第三方存管机构，是指具备第三方存管资格的商业银行。

“第三方存管”是商业银行（如银行等）提供的一项业务，常见于证券、期货、房产等交易活动中。拿证券交易中的第三方存管来说，它是指委托存管银行按照法律、法规的要求，负责客户资金的存取与资金交收，证券交易操作保持不变。证券公司客户证券交易结算资金交由银行存管。

【基本规定】

遵循“券商管证券，银行管资金”的原则，将投资者的证券账户与证券保证金账户严格进行分离管理。第三方存管模式下，证券经纪公司不再向客户提供交易结算资金存取服务，只负责客户证券交易、股份管理和清算交收

等。存管银行负责管理客户交易结算资金管理账户和客户交易结算资金汇总账户，向客户提供交易结算资金存取服务，并为证券经纪公司完成与登记结算公司和场外交收主体之间的法人资金交收提供结算支持。银行负责完成投资者专用存款账户与券商银行交收账户之间清算资金的划转，将券商的清算交收程序转移到银行，由银行代为完成。

实施保证金第三方存管制度的证券公司将不再接触客户保证金，而由存管银行负责投资者交易清算与资金交收。证券业之所以引入保证金第三方存管制度，主要是为了从根本上杜绝券商挪用客户保证金的行为。有关统计资料显示，近年来，券商挪用保证金问题屡禁不止。

【产品优势】

可以给银行贡献极为可观的存款，尤其是带动储蓄业务的高速发展。

【适用客户】

银行可以将证券公司法人作为重点营销目标客户，通过与法人合作，刺激客户指定本行账户为第三方存管账户。

【银行收益】

会给银行带来非常可观的存款，而且在节假日等休息日，客户会大量将资金转回一般结算账户、办理通知存款等，这对银行的储蓄存款提升效果极大。

【案例】××银行第三方存管业务开展情况

一、目前第三方存管业务开展情况

1. 思想上高度重视、组织得力。自第三方存管业务开办之初，××银行就根据当地各家券商第三方存管业务的发展情况，要求具体部门制订了开展第三方存管业务的总体营销思路与方案，并成立了由行长任组长，由同业部、零售部、公司部、科技部及清算中心共同组成的第三方存管业务营销小组，协调行内各条线、各部门的资源，并进行了职责分工。

2. 突出重点，积极营销重点券商、重点客户。南京地区有三家法人券商：信泰证券、南京证券、华泰证券。南京证券和华泰证券批量客户已全部移植完毕，××银行把营销重点放在信泰证券。信泰证券分两次成功移植了14 000多户存量客户给银行，其中给××银行的客户数是4 931户，为××银行乃至全行的第三方存管工作作出了巨大贡献。

东海证券是××银行合作的第一家异地券商。××银行积极营销，整合全行资源，通过常州市政府、证监会江苏特派办等主管部门自上而下极力促成和东海证券的合作。东海证券成功上线，为银行带来一批存量客户，××银行因此得到总行的嘉奖。

3. 加强员工培训、营销方法多样。××银行同业部、零售部、结算部共同配合对员工进行了专业培训，从第三方存管业务的基本知识、柜面结算到营销要点、营销技巧等，都作了详细的培训。

银行根据不同证券公司的情况分别设计出符合该营业部特点的营销方案，定制了专门的宣传单页、海报、展架；在营销时，将第三方存管业务与银行周计划理财相结合，重点强调银行存管卡免年费，免跨行取款手续费，同享VIP客户服务等优势。

同时将支行与证券公司营业部一一挂钩，选派沟通能力强、业务全面的理财经理驻点办理业务。通过让支行客户经理进驻券商大户室营销券商大户的方法，营销到几十户百万元以上的客户，其中还有几户千万元以上的客户，通过第三方存管业务带动了银行各项业务的发展。

4. 开展全员劳动竞赛，调动全行员工的积极性。为调动全员营销的积极性，确保超额完成总行下达的任务，××银行行长室决定在全行范围内开展第三方存管业务全员劳动竞赛。××银行召开专题会议，集中有限资源，拨出专项费用，用于全行员工对第三方存管工作的营销。劳动竞赛期间，全行员工新增开户数4 988户，其中个人客户4 890户，机构客户98户。

二、下一步第三方存管业务开展工作思路

（一）业务目标

1. 客户拓展目标：新增16 000户个人第三方存管客户，新增55户机构第三方存管客户。

2. 存款增长目标：

①新增储蓄存款8 000万元，按每新增1名第三方存管客户为银行带来

0.5 万元的储蓄存款增长来算，如2008 年新增16 000 户个人第三方存管客户，至少能为银行带来8 000 万元的储蓄存款增长。

②新增对公存款5 500 万元，2008 年预计拓展55 户对公客户，户均资产1 000 万元，其中10%的资产留存在存款账户，预计可增加对公存款5 500 万元。

③新增同业存款2.4 亿元，按每1 名个人第三方存管客户将为银行带来同业存款1.5 万元计算，预计16 000 户个人第三方存管客户可新增同业存款2.4 亿元。

（二）切实做好存量客户的服务工作，提高存量客户签约率，保证存量客户不流失

首先，通过定期组织投资报告会的形式，邀请券商的金牌分析师为存量客户分析近期大盘形势，制定投资策略，做好风险预警工作。对于某些大客户，要求券商派专人服务，做好大客户的维护工作。

其次，除投资报告会以外，银行拟组织一些第三方存管客户感兴趣的其他类别的活动，如养生讲座、美容讲座、乒乓球俱乐部等。争取做好这部分存量客户的增值服务，增加存量客户对银行的忠诚度。同时向客户营销银行其他对私业务，争取做好客户的理财专家，以全面的服务回馈老客户。

最后，营销券商，取得未签约客户的资料，通过电话营销的方式，联系客户进行营销，争取提高银行的存量客户签约率。

（三）拓宽及加深市场渠道，质量并重，建设品牌

1. 未签约户的营销。针对其他银行的第三方存管移植未签约户，我们将上门营销券商，争取拿到这部分客户的资料，然后进行电话营销，以银行理财通和第三方存管卡的优势，适当地采取赠送礼品和增值服务的形式，争取将这部分客户营销到银行。

2. 券商新增户的营销。对于证券公司的新增客户，银行将采取以下活动：

①开展开户送礼活动，通过该项活动吸引客户关注后再进行营销。同时，动员本行员工提高活动的积极性，更好地拓展自己的客户资源，充分利用总行下发的第三方存管营销经费，大力发展第三方存管业务。

②继续跟进“走进大户室”活动，银行已结合上年走进大户室的先进经验，通过各种方式营销证券公司大户室的VIP 客户，来达到发掘银行第三方存管新客户的目的。

③更加紧密地与券商进行合作。一方面，与券商合作，利用券商的客户资源，同券商一起走进企业，通过参加企业年会或企业其他活动的方式，共同拓展市场，营销新客户；另一方面，通过营销银行现有的对公客户，做好公私联动营销，通过各种形式营销企业员工，达到发展新客户的目的。

④以支行为单位，分别与几家较大的券商绑定，与券商携手走进社区进行宣传营销，或与券商合作开展小型投资报告会，以银行和券商双方各提供一部分客户的形式组织活动，维护银行老客户，并营销券商新客户。

⑤银行将定期举办大型投资报告会，通过报纸广告的形式吸引新老客户参加，树立起银行第三方存管的良好形象，方便支行更好地开展业务。

⑥以支行为单位，营销券商的大客户经理，通过这种途径获得新的大客户资源，从而推动第三方存管业务乃至所有业务的发展。

⑦继续采取双方人员驻点方式，支行派行员驻点服务，并给予新增客户降低交易手续费率等增值服务，在发卡时采用存管卡与周计划业务组合营销，以周计划理财高利息的优势吸引更多的客户。必要时，采取派出柜台形式，通过办理手续的便利，吸引更多客户来银行办理第三方存管业务。

⑧对于某些较小的券商，采取在证券公司设立自助缴费机，采用远程发卡、客户现场修改密码的形式，直接在证券公司为客户办理第三方存管及周计划理财业务。通过营销，争取证券公司客户经理的有力支持，将原他行客户争取到银行。且理财经理始终从如何利用银行产品的优势出发，扬长避短，积极宣传。

3. 开辟渠道，扩大战场。拓宽第三方存管的销售渠道，进行多方位交叉销售。加强对银行理财客户、信用卡客户、理财客户的营销，将第三方存管业务与银行的其他金融产品进行交叉销售；开辟新的销售渠道，除了可以从证券公司渠道上发展客户，还可以借助保险公司渠道、城商行渠道、机构客户渠道，借力营销，交叉销售。

4. 突出重点，抓住机遇。集中人力资源、费用资源保证与重点券商的合作，在客户真实有效的基础上，保证与光大证券、中投证券新增客户的签约占比达到50%以上。

六、预付费卡资金保证金存管

未来，大型商贸企业、大型超市企业将大量发行预付费卡，银行如果能有效抓住这个市场的"蓝海"，可以迅速拓展存款业务。

【产品定义】

单用途预付费卡预付资金存管业务是指银行对单用途预付费卡发卡企业的预收资金进行存管的一种资金监管业务。

【政策解读】

1. 关键名词解释

预收资金：发卡企业通过发行单用途卡所预收的资金总额，预收资金余额是指预收资金扣减已兑付商品或服务价款后的余额。

单用途商业预付卡（以下简称单用途卡）：从事零售业、住宿和餐饮业、居民服务业的企业法人发行的，仅限于在本企业或本企业所属集团或同一品牌特许经营体系内兑付货物或服务的预付凭证，包括以磁条卡、芯片卡、纸券等为载体的实体卡和以密码、串码、图形、生物特征信息等为载体的虚拟卡。

集团发卡企业：发行在本集团内使用的单用途卡的集团母公司。集团是指由同一企业法人绝对控股的企业法人联合体。

品牌发卡企业：发行在同一品牌特许经营体系内使用的单用途卡，且拥有该品牌的企业标志或注册商标，或者经授权拥有该企业标志或注册商标排他使用权的法人企业。同一品牌特许经营体系是指使用同一企业标志或注册商标的企业法人联合体。

规模发卡企业：除集团发卡企业、品牌发卡企业之外的符合下列条件之一的企业：

（1）一个会计年度年营业收入500万元以上；

（2）工商注册登记不足一年、注册资本在100万元以上。

2. 发卡企业

商业预付卡以预付和非金融主体发行为典型特征，按发卡人的不同，可划分为两类：一类是由获得人民银行支付牌照（专指预付卡发行与受理业务牌照）的第三方支付机构（参见人民银行《支付机构客户备付金存管暂行办法（征求意见稿）》）发行，可跨地区、跨行业、跨法人使用的多用途预付卡；另一类是由商业企业发行，只在本企业或同一品牌连锁商业企业购买商品、服务的单用途预付卡。

具体来说，单用途预付卡是指由从事零售业、住宿和餐饮业、居民服务业的企业法人发行的，仅限于在本企业或本企业所属集团或同一品牌特许经营体系内兑付货物或服务的预付凭证。

3. 资金存管服务内容

银行应与发卡企业签署“单用途商业预付卡预收资金存管协议”，并提供以下相关服务：

第一，开立单用途预付卡资金存管账户和收款账户，并将账户在银行交易资金监管系统中签约。“存管资金”账户转出资金只能进入“收款账户”，存入的存管资金，只能以银行存款，包括活期存款、定期存款和协定存款的形式存在。

第二，完成商务部要求的相关工作。银行应在每季度结束后第27个工作日内，在商务部“单用途商业预付卡业务信息系统”中，填列发卡企业存管账户的实际余额，并根据备案机关确定的发卡企业类型（规模发卡企业、集团发卡企业、品牌发卡企业）监督发卡企业预收资金余额的缴存比例：规模发卡企业存管资金比例不低于上一季度预收资金余额的20%；集团发卡企业存管资金比例不低于上一季度预收资金余额的30%；品牌发卡企业存管资金比例不低于上一季度预收资金余额的40%。

第三，负责资金存管账户的资金划拨和监督工作。存管账户资金只能划拨至发卡企业在银行开立的同户名收款账户中，如发卡企业的划款指令会导致存管资金比例低于商务部的要求，银行要对该指令予以拒绝。

第四，发卡企业存管资金余额低于商务部确定的存管比例，银行应书面通知发卡企业及时缴存不足部分金额，发卡企业在接到银行书面通知后5个

工作日内未补足存管资金的，银行应书面通知备案机关，并在商务部“单用途商业预付卡业务信息系统”中登记相关信息。

【产品优势】

1. 形成稳定的存款沉淀

单用途预付卡发卡企业在银行开立资金存管账户，存管账户资金将随着企业发卡量的增加而逐年递增，此项业务将形成稳定的对公绿色存款沉淀。

2. 推动中小客户的发展

银行可在营销发卡企业的基础上，围绕其下属经销商的融资需求，创新供应链融资模式，为中小客户提供融资服务，带动零售小微卡等产品的销售，推动中小客户的发展。

3. 丰富预付卡业务合作模式

商务部出台的《单用途商业预付卡管理办法（试行）》主要针对发行单用途预付卡的企业，区别于人民银行针对第三方支付机构多用途预付卡企业的管理规定。作为单用途预付卡企业，只需通过商务部进行备案审批即可成为银行监管对象，而无须取得人民银行颁发的第三方支付牌照。单用途预付卡资金存管丰富了银行预付卡业务品种，为下一步预付卡业务发展提供了新的思路。

【营销策略与要求】

1. 抓住营销时机、针对重点客户营销

单用途预付卡发卡企业主要为国内从事零售业、住宿和餐饮业、居民服务业等的企业法人，具体分为集团发卡企业、品牌发卡企业和规模发卡企业。应在所辖区域内梳理重点客户名单，收集、整理客户情况和需求，针对大型发卡企业要逐一走访，协助客户到当地商务主管部门进行备案。

2. 协同主管部门，提高营销效率

由于商务部负责全国单用途卡行业管理工作，各县级以上地方人民政府商务主管部门负责本行政区域内单用途卡监督管理工作。银行要将当地商务主管部门作为重要目标客户，提高营销效率，协同当地商务主管部门共同为发卡企业提供金融服务及其他配套服务。

3. 利用优势资源，做好营销工作

根据商务部的要求，预收资金存管账户内的资金只能以活期、定期、协定的形式存在，银行可为发卡企业提供现金管理，该项产品既属于存款，又能实现资金增值。此外，还可视具体情况为发卡企业及下属经销商提供融资服务，吸引发卡企业将预收资金留存在银行。

4. 联合科技公司，提高与发卡企业的黏合度

对于尚未开展单用途预付卡业务的客户，银行可以联合商务部推荐的科技开发公司，为其提供单用途预付卡开发咨询、系统开发、上线及资金监管等全套服务，引导客户开展单用途预付卡业务，并最终取得发卡企业的预收资金存管业务。

【基本规定】

发卡企业和售卡企业应定期核对与单用途卡业务相关的账务，及时对交易数据进行记录和清算。

发卡企业应对预收资金进行严格管理。预收资金只能用于发卡企业主营业务，不得用于不动产、股权、证券等投资及借贷业务。

主营业务为零售业、住宿和餐饮业的发卡企业，预收资金余额不得超过其上一会计年度主营业务收入的40%；主营业务为居民服务业的发卡企业的预收资金余额不得超过其上一会计年度主营业务收入；工商注册登记不足一年的发卡企业的预收资金余额不得超过其注册资本的2倍。

集团发卡企业预收资金余额不得超过其上一会计年度本集团营业收入的30%。

预收资金是指发卡企业通过发行单用途卡所预收的资金总额，预收资金余额是指预收资金扣减已兑付商品或服务价款后的余额。

规模发卡企业、集团发卡企业和品牌发卡企业实行资金存管制度。规模发卡企业存管资金比例不低于上一季度预收资金余额的20%；集团发卡企业存管资金比例不低于上一季度预收资金余额的30%；品牌发卡企业存管资金比例不低于上一季度预收资金余额的40%。

规模发卡企业、集团发卡企业和品牌发卡企业应确定一个商业银行账户作为资金存管账户，并与存管银行签订资金存管协议。资金存管协议应规定存

管银行对发卡企业资金存管比例进行监督，对超额调用存管资金的指令予以拒绝，并按照备案机关的要求提供发卡企业资金存缴情况。

规模发卡企业、集团发卡企业和品牌发卡企业可以使用担保预收资金的保证保险、银行保函等方式冲抵全部或部分存管资金。

规模发卡企业、集团发卡企业和品牌发卡企业应在境内建立与发行单用途卡规模相适应的业务处理系统，并保障业务处理系统的信息安全和运行质量。发生重大或不可恢复的技术故障时，规模发卡企业、集团发卡企业、品牌发卡企业应立即向备案机关报告。

发卡企业应将单用途卡业务纳入日常管理，制定预收资金结算、风险管理、日常监督、应急处置等制度。

规模发卡企业应于每季度结束后 15 个工作日内，集团发卡企业和品牌发卡企业应于每季度结束后 20 个工作日内登录商务部“单用途商业预付卡业务信息系统”，填报上一季度单用途卡业务情况。其他发卡企业应于每年 1 月 31 日前填报“发卡企业单用途卡业务报告表”。

【银行收益】

会给银行贡献极为庞大的存款，企业的商业模式发生重大改变，原来是销售产品才能获得销售收入，才会产生存款。

在预付费卡商业模式下，企业只需要大量发行预付费卡即可以获得大量的预收资金，会在银行产生巨大的存款沉淀，非常惊人，远远超过企业的销售收入带来的存款。而且，根据政府的相关规定，银行要监管企业的预付费卡资金使用情况，由此银行会获得可观的资金长期滞留在行内，非常有优势。

【案例】预付费卡沉淀资金近万亿元　发卡方堪比小金融机构

一张小小的预付费卡，不仅可以在签约超市、商场使用，也可以在签约的美容店、健身房、蛋糕店、餐馆等数百家商业场所使用。在北京一位企业公关部负责人眼中，北京资和信商通卡的影响力与银行卡差距已不大。

近万亿元市场规模堪比小金融机构

“北京发行量最大的是资和信的商通卡，这储值卡还可以跨商户使用，非常方便。”在北京一位企业公关部负责人眼中，资和信商通卡的影响力与银行

卡差距已不大。据介绍，商通卡不仅可以在签约超市、商场使用，还可以在签约的美容店、健身房、蛋糕店、餐馆等数百家商业场所使用。

“在北京的投资广场 8 楼，商通卡的发卡机构资和信控股集团（以下简称资和信）的发卡网点布局类似银行的柜台，而办理业务者经常要排队。在资和信网站主页上，介绍资和信控股集团是一家服务于金融与零售领域的公司，其业务包括商通卡、担保业务以及资百货。

据北京一位知情人士估计，资和信作为北京市场最大的购物卡发售机构，自 2006 年 8 月开始涉水这一业务以来，累计发卡金额已超过 100 亿元，而仅 2008 年，其售卡额就达到 40 亿元。从某种意义上说，经过资和信流转的资金规模并不亚于小型的金融机构。

一位不愿具名的支付领域人士对《南方都市报》记者称，北京市场上第三方发行的消费卡主要有资和信发行的商通卡、裕福实业发行的福卡等；而上海地区联华 OK 卡一家独大，该卡的销售额应该超过百亿元。根据零点公司的调查数据，2008 年中国预付费卡市场规模超过 8 000 亿元。

【案例】

公司名称：苏宁云商集团股份有限公司

苏宁电器（002024）在深圳证券交易所上市。凭借优良的业绩，苏宁电器得到了投资市场的高度认可，是全球家电连锁零售业市场价值最高的企业之一。苏宁电器连锁集团股份有限公司被《巴菲特》杂志、世界企业竞争力实验室、《世界经济学人周刊》联合评为 2010 年（第七届）中国上市公司 100 强，排名第 61 位。

围绕市场需求，按照专业化、标准化的原则，苏宁电器形成了旗舰店、社区店、专业店、专门店 4 大类，共 18 种形态，旗舰店已发展到第七代。

在开发方式上，苏宁电器采取“租、建、购、并”四位一体、同步开发的模式，保持稳健、快速的发展态势，每年新开 200 家连锁店，同时不断加大自建旗舰店的开发，以店面标准化为基础，通过自建开发、订单委托开发等方式，在全国数十个一、二级市场推进自建旗舰店开发。预计到 2020 年，网络规模将突破 3 000 家，销售规模突破 3 500 亿元。

银行为其办理资金存管业务 2 亿元，苏宁电器销售预付费卡达到 30 亿元。

七、上市公司资金存管

上市公司的募集资金量大，沉淀稳定，商业银行必须抓住信息源头，在企业上市刚刚获准时，就立即去营销，捕捉大额存款沉淀。

【产品定义】

上市公司资金存管是指银行为上市公司募集的大额资金（包括首次公开发行股票、配股、增发、发行可转换公司债券、发行分离交易的可转换公司债券等），提供资金存管业务的一种中间业务。

【基本规定】

募集资金是指上市公司通过公开发行证券（包括首次公开发行股票、配股、增发、发行可转换公司债券、发行分离交易的可转换公司债券等）以及非公开发行证券向投资者募集的资金，但不包括上市公司实施股权激励计划募集的资金。

上市公司募集资金应当存放于董事会设立的专项账户（以下简称募集资金专户）集中管理。

1. 募集资金专户不得存放非募集资金或用做其他用途。

上市公司应当在募集资金到账后 2 周内与保荐人、存放募集资金的商业银行（以下简称“商业银行”）签订募集资金专户存储三方监管协议。该协议至少应当包括以下内容：

（1）上市公司应当将募集资金集中存放于募集资金专户；

（2）商业银行应当每月向上市公司提供募集资金专户银行对账单，并抄送保荐人；

（3）上市公司 1 次或 12 个月以内累计从募集资金专户支取的金额超过 5 000 万元且达到发行募集资金总额扣除发行费用后的净额（以下简称“募集

资金净额”）的20%的，上市公司应当及时通知保荐人；

（4）保荐人可以随时到商业银行查询募集资金专户资料；

（5）上市公司、商业银行、保荐人的违约责任。

2. 上市公司使用募集资金不得有如下行为：

（1）除金融类企业外，募投项目为持有交易性金融资产和可供出售的金融资产、借予他人、委托理财等财务性投资，直接或者间接投资于以买卖有价证券为主要业务的公司；

（2）通过质押、委托贷款或其他方式变相改变募集资金用途；

（3）募集资金被控股股东、实际控制人等关联人占用或挪用，为关联人利用募投项目获取不正当利益。

3. 上市公司以闲置募集资金暂时用于补充流动资金，应符合如下要求：

（1）不得变相改变募集资金用途，不得影响募集资金投资计划的正常进行；

（2）单次补充流动资金金额不得超过募集资金净额的50%；

（3）单次补充流动资金时间不得超过6个月；

（4）已归还已到期的前次用于暂时补充流动资金的募集资金（如适用）。

4. 每个会计年度结束后，保荐人应当对上市公司年度募集资金存放与使用情况出具专项核查报告，并于上市公司披露年度报告时向上海证券交易所提交。核查报告应当包括以下内容：

（1）募集资金的存放、使用及专户余额情况；

（2）募集资金项目的进展情况，包括与募集资金投资计划进度的差异；

（3）用募集资金置换预先已投入募集资金投资项目的自筹资金情况（如适用）；

（4）闲置募集资金补充流动资金的情况和效果（如适用）；

（5）募集资金投向变更的情况（如适用）；

（6）上市公司募集资金存放与使用情况是否合规的结论性意见；

（7）上海证券交易所要求的其他内容。

【协议文本】

募集资金专户存储三方监管协议（范本）

甲方：____________________股份有限公司（以下简称甲方）（说明：甲方是实施募集资金投资项目的法人主体，如果募集资金投资项目由上市公司直接实施，则上市公司为甲方，如果由上市公司子公司或其控制的其他企业实施，则上市公司及该子公司或上市公司控制的其他企业为甲方）

乙方：____________________银行____________________银行（以下简称乙方）

丙方：____（保荐人）（以下简称丙方）

为规范甲方募集资金管理，保护投资者的权益，根据有关法律法规及《上海证券交易所上市公司募集资金管理规定》，甲、乙、丙三方经协商，达成如下协议：

一、开户

1. 甲方已在乙方开设募集资金专项账户（以下简称专户），账号为________________________，截至________年____月____日，专户余额为________万元。该专户仅用于甲方____________________等募集资金投向项目募集资金的存储和使用，不得用做其他用途。

2. 甲方以存单方式存放的募集资金________万元（若有），开户日期为________年____月____日，期限____个月。甲方承诺上述存单到期后将及时转入本协议规定的募集资金专户进行管理或以存单方式续存，并通知丙方。甲方存单不得质押。

二、甲乙双方应当共同遵守《中华人民共和国票据法》、《支付结算办法》、《人民币银行结算账户管理办法》等法律、法规、规章。

三、丙方作为甲方的保荐人，应当依据有关规定指定保荐代表人或其他工作人员对甲方募集资金使用情况进行监督。

丙方承诺按照《证券发行上市保荐制度暂行办法》、《上海证券交易所上市公司募集资金管理规定》以及甲方制定的募集资金管理制度对甲方募集资

金管理事项履行保荐职责，进行持续督导工作。

丙方可以采取现场调查、书面问询等方式行使其监督权。甲方和乙方应当配合丙方的调查与查询。丙方每半年度对甲方现场调查时应当同时检查专户存储情况。

四、甲方授权丙方指定的保荐代表人____________、____________可以随时到乙方查询、复印甲方专户的资料；乙方应当及时、准确、完整地向其提供所需的有关专户的资料。

保荐代表人向乙方查询甲方专户有关情况时，应当出具本人的合法身份证明；丙方指定的其他工作人员向乙方查询甲方专户有关情况时，应当出具本人的合法身份证明和单位介绍信。

五、乙方按月（每月____________日前）向甲方出具真实、准确、完整的专户对账单，并抄送给丙方。

六、甲方1次或12个月以内累计从专户支取的金额超过5 000万元且达到发行募集资金总额扣除发行费用后的净额（以下简称“募集资金净额”）的20%的，甲方应当及时以传真方式通知丙方，同时提供专户的支出清单。

七、丙方有权根据有关规定更换指定的保荐代表人。丙方更换保荐代表人的，应当将相关证明文件书面通知乙方，同时按本协议第十二条的要求书面通知更换后保荐代表人的联系方式。更换保荐代表人不影响本协议的效力。

八、乙方连续三次未及时向甲方出具对账单，以及存在未配合丙方调查专户情形的，甲方可以主动或在丙方的要求下单方面终止本协议并注销募集资金专户。

九、丙方发现甲方、乙方未按约定履行本协议的，应当在知悉有关事实后及时向上海证券交易所书面报告。

十、本协议自甲、乙、丙三方法定代表人或其授权代表签署并加盖各自单位公章之日起生效，至专户资金全部支出完毕并依法销户之日起失效。

十一、本协议一式____份，甲、乙、丙三方各持一份，向上海证券交易所、中国证监会____________监管局各报备一份，其余留甲方备用。

十二、联系方式：

1. ______________________________股份有限公司（甲方）

地址：____

邮编：____________________________________

传真：____________________

联系人：____________________

电话：____________________

手机：____________________

E - mail：____________________

2. __________银行____________________银行（乙方）

地址：____________________

邮编：____________________

传真：____________________

联系人：____________________

电话：____________________

手机：____________________

E - mail：____________________

3.（保荐人）（丙方）

地址：____________________

邮编：____________________

保荐代表人 A：____________________

身份证号码：____________________

电话：____________________

手机：____________________

E - mail：____________________

传真：____________________

保荐代表人 B：____________________

身份证号码：____________________

电话：____________________

手机：____________________

E - mail：____________________

传真：____________________

协议签署：____________________

甲方：____________________________股份有限公司（盖章）

法定代表人或授权代表：____________________________

年　月　日

乙方：___________银行___________银行___________支行（盖章）

法定代表人或授权代表：____________________________

年　月　日

丙方：___________________证券（股份）有限公司（盖章）

法定代表人或授权代表：____________________________

【营销建议】

银行可以积极与金融办、证监局等主管机构沟通，收集客户信息。积极联系客户，了解上市进度，争取 IPO 资金托管。在股权交易中心挂牌的中小企业的主要流程为：企业在市金融办申请入库—金融办辅导改制—在地方股权交易中心托管—在地方股权交易中心挂牌—地方证监局辅导备案审查—申报材料到证监会。

部分优质企业可以通过聘任三家中介机构—确定改制及上市方案—改制—地方证监局辅导备案审查—申报材料到证监会。各机构可根据上述流程，重点跟踪联系，争取 IPO 资金。

【适用客户】

在中国上海证券交易所或深圳证券交易所上市的公司和拟上市公司。

【银行收益】

1. 会给银行贡献极为可观的大额存款，存款非常稳定。
2. 银行营销上市公司的标准化产品，非常受欢迎。

【案例】加加食品：关于签订募集资金银行存管专户监管协议的公告

加加食品集团股份有限公司（以下简称公司）经中国证券监督管理委员

会证监许可［2011］1979号文核准，首次向中国境内社会公众公开发行人民币普通股4 000万股，每股发行价为人民币30.00元。公司首次公开发行股票募集资金总额为人民币120 000.00万元，扣除发行费用8 490.1558万元，实际募集资金净额为人民币111 509.8442万元。上述募集资金已于2011年12月30日经天健会计师事务所有限公司验证并出具验资报告（天健验20112－37号）。

本次募集资金投资项目分别为“年产20万吨优质酱油建设项目”和“年产1万吨优质茶籽油建设项目”。分别由公司和盘中餐粮油食品（长沙）有限公司（以下简称盘中餐粮油）作为实施主体。为进一步规范募集资金的管理和使用，保护投资者的利益，根据《深圳证券交易所股票上市规则》、《深圳证券交易所中小企业板上市公司规范运作指引》等相关法律、法规和规范性文件的规定，2012年1月29日，公司、东兴证券股份有限公司（以下简称东兴证券）与中国民生银行股份有限公司长沙高桥支行、广东南粤银行股份有限公司深圳分行、中国银行股份有限公司宁乡县支行分别签署了“募集资金三方监管协议”；同日，公司、盘中餐粮油、东兴证券与中国民生银行股份有限公司长沙高桥支行签署了“募集资金四方监管协议”，协议主要内容如下：

一、募集资金专项账户情况

1. 公司已在中国民生银行股份有限公司长沙高桥支行开设募集资金专户，账号为3105014210000937，截至2012年1月29日，专户余额为478 744 200.00元。该专户仅用于年产20万吨优质酱油建设项目募集资金的存储和使用，不得用做其他用途。

2. 盘中餐粮油已在中国民生银行股份有限公司长沙高桥支行开设募集资金专户，账号为3105014210000945，截至2012年1月29日，专户余额为149 161 200.00元。该笔资金以公司向盘中餐粮油增加资本金的方式投入。该专户仅用于年产1万吨优质茶籽油建设项目募集资金的存储和使用，不得用做其他用途。

3. 公司已在广东南粤银行股份有限公司深圳分行开设超额募集资金专户，账号为910001201900008965，截至2012年1月29日，专户余额为300 000 000.00元。该专户仅用于公司超额募集资金的存储和使用，不得用做其他用途。

4. 公司已在中国银行股份有限公司宁乡县支行开设超额募集资金专户，账号585958290715，截至2012年1月29日，专户余额为187 193 042.00元。

该专户仅用于公司超额募集资金的存储和使用，不得用做其他用途。

二、公司与上述各银行应当共同遵守《中华人民共和国票据法》、《支付结算办法》、《人民币银行结算账户管理办法》等法律、法规、规章。

三、东兴证券作为公司的保荐机构，应当依据有关规定指定保荐代表人或其他工作人员对公司募集资金使用情况进行监督。东兴证券应当依据《深圳证券交易所中小企业板上市公司规范运作指引》以及公司制定的募集资金管理制度履行其督导职责，并有权采取现场调查、书面问询等方式行使其监督权。公司和上述银行应当配合东兴证券的调查与查询。东兴证券每季度对公司现场调查时应同时检查募集资金专户存储情况。

四、公司1次或12个月以内累计从专户中支取的金额超过1 000万元（按照孰低原则在1 000万元或募集资金净额的5%之间确定）的，上述银行应及时以传真方式通知东兴证券，同时提供专户的支出清单。

五、东兴证券有权根据有关规定更换指定的保荐代表人。东兴证券更换保荐代表人的，应将相关证明文件书面通知上述银行，同时按要求向公司、银行书面通知更换后的保荐代表人联系方式。更换保荐代表人不影响协议的效力。

六、上述银行连续三次未及时向东兴证券出具对账单或向东兴证券通知专户大额支取情况，以及存在未配合东兴证券调查专户情形的，公司有权单方面终止协议并注销募集资金专户。

七、协议自各方法定代表人或其授权代表签署并加盖各自单位公章之日起生效，至专户资金全部支出完毕并依法销户且东兴证券督导期结束之日（2014年12月31日）起失效。

特此公告。

加加食品集团股份有限公司

董事会

2012年1月31日

八、上市公司资金理财业务

上市公司募集资金的理财业务对于商业银行来说属于标准的全新领域，属于标准的“蓝海”，可以让银行吸纳非常可观的大额资金。

【产品定义】

上市公司资金理财业务是指银行为上市公司募集的资金提供特定理财产品，以促进商业银行营销上市公司大额资金的一种特定理财产品业务。

【基本规定】

《上市公司监管指引第 2 号——上市公司募集资金管理和使用的监管要求》（以下简称《指引》）允许上市公司使用闲置募集资金购买的产品应满足下列条件：安全性高、满足保本要求、产品发行主体应提供保本承诺；流动性好，不影响募集资金投资计划正常进行。比如固定收益类的国债、银行理财产品以及其他投资产品。

【适用客户】

刚刚募集大额资金的上市公司，主要 IPO 募集资金或者是通过增发募集到大额资金的客户。

【银行收益】

为银行争取在其他银行存了大量募集资金的上市公司提供了工具，银行可以间接突破大额存款业务。

很多中小银行由于不具备托管上市公司资金的条件，或者错过了最初营

销募集资金托管的时机，可以通过发行理财产品方式，定向营销这些募集资金。

【案例】

《指引》出台后，相继有多家上市公司发布了购买银行理财产品和委托理财的公告。例如千红制药于××××年晚间发布公告称，出资人民币2 000万元购买平安财富睿丰七十五号集合资金信托计划，资金来源为闲置资金。

随后华夏幸福、上海贝岭、隆鑫通用、浙江永强、王府井、三星电气和联创光电等多家公司发布了投资理财的公告。

隆鑫通用动力股份有限公司关于公司开展短期理财业务的公告

本公司董事会及全体董事保证本公告不存在任何虚假记载、误导性陈述或者重大遗漏，并对其内容的真实性、准确性和完整性承担个别及连带责任。

由于公司经营业务较为稳定，加之经公司第一届第十次董事会批准《关于使用募集资金置换先期投入募投项目自筹资金的议案》，用募集资金置换部分前期投入资金后，公司短期内流动资金较为充足，为提高公司资金运作效率和投资收益，公司拟开展短期理财业务来提高流动资金收益。

公司拟开展理财业务的资金主要为公司短期流动资金，总投资额度不超过人民币6亿元，占公司2011年净资产总额的26.05%。该投资具体情况如下：

一、投资概述

1. 投资目的：提高资金的运作效率和收益，降低资金闲置成本。

2. 投资额度：公司拟使用不超过人民币6亿元的额度进行低风险银行短期理财产品投资（占2011年12月31日公司经审计的净资产的26.05%）。在上述额度内，资金可以滚动使用。

3. 投资方式：本次理财投资主要选择在银行购买短期低风险、保本浮动收益型理财类产品，债券投资（含国债、企业债等）的人民币理财产品业务。

二、资金来源

本次理财资金来源为公司短期流动资金，资金来源合法合规。

三、投资风险及风险控制措施

公司开展本次理财业务的范围主要是市场风险较低、周期较短的金融业务，并将通过与银行或金融机构签署协议等方式锁定投资收益率，投资风险

可控。同时，公司将专门制定《委托理财内控制度》，对投资的原则、范围、权限、内部审核流程、内部报告程序、资金使用情况的监督、责任部门及责任人等方面作出详细规定，有效防范投资风险。

四、对公司的影响

本次公司开展理财业务后，有助于公司提高自有资金使用效率和资金收益水平，且运作周期较短，不会对公司正常现金流产生影响。

五、独立董事意见

由于公司经营业务较为稳定，加之经公司第一届第十次董事会批准《关于使用募集资金置换先期投入募投项目自筹资金的议案》，用募集资金置换部分前期投入资金后，公司短期内流动资金较为充足，为提高公司资金运作效率和投资收益，公司拟以总投资额度不超过 6 亿元人民币（占公司 2011 年净资产总额的 26. 05%）的短期流动资金开展短期理财业务。

我们认为：

1. 《关于公司开展短期理财业务的议案》已经公司第一届董事会第十一次会议审议通过，公司履行了相关的审批程序。

2. 在保证资金流动性和安全性的前提下，公司利用闲置的自有资金投资于银行购买短期低风险、保本浮动收益型理财类产品、债券投资（含国债、企业债等）的人民币理财产品业务，有利于提高资金使用效率，增加收益，风险可控，且不会影响公司的主营业务发展，不会存在损害公司及全体股东，特别是中小股东利益的情形。

3. 公司将专门制定“委托理财内控制度”，对投资的原则、范围、权限、内部审核流程、内部报告程序、资金使用情况的监督、责任部门及责任人等方面作出详细规定，有效地防范了投资风险。

4. 同意使用资金不超过人民币 6 亿元的自有闲置流动资金购买低风险银行短期理财产品，同意董事会授权公司董事长行使相关投资决策权并签署相关合同。

六、备查文件

1. 隆鑫通用动力股份有限公司第一届董事会第十一次会议决议。

2. 独立董事意见。

特此公告。

九、委托贷款+贷款承诺函业务

委托贷款属于商业银行的表外业务，不占用银行的信贷规模，如果将贷款承诺函加以捆绑营销，就可以有效规避银行不能对委托贷款提供担保的营销弊端，为银行拓展极大的客户群。

【产品定义】

委托贷款+贷款承诺函业务是指银行对委托贷款的资金提供方提供贷款承诺函，约定在委托贷款到期时，如果借款人没有能力筹集资金归还委托贷款，银行将对委托人提供定向用途贷款，定向用于归还委托人资金的一种组合授信业务。

委托贷款是指由委托人提供合法来源的资金，委托业务银行根据委托人确定的贷款对象、用途、金额、期限、利率等代为发放、监督使用并协助收回的贷款业务。

委托人包括政府部门、企事业单位及个人等。

【基本规定】

个人委托贷款申请条件：

委托人及借款人应当是经工商行政管理机关（或主管机关）核准登记的企（事）业单位，其他经济组织、个体工商户，或具有完全民事行为能力的自然人；已在业务银行开立结算账户；委托资金来源必须合法及具有自主支配的权利；申办委托贷款必须独自承担贷款风险；须按照国家地方税务局的有关要求缴纳税款，并配合受托人办理有关代征代缴税款的缴纳工作；符合业务银行的其他要求。

【利率】

期限、利率委托贷款的期限由委托人根据借款人的贷款用途、偿还能力或根据委托贷款的具体情况来确定；

在委托贷款中，所涉及的委托贷款利率是由委托双方自行商定，但是最高不能超过人民银行规定的同期贷款利率和上浮幅度。商业银行贷款利率浮动区间（0.9，1.7），即商业银行对客户的贷款利率的下限为基准利率乘以下限系数0.9，上限为基准利率乘以上限系数1.7，金融机构可以根据人民银行的有关规定，在人民银行规定的范围内自行确定浮动利率。

【业务流程】

1. 委托人与借款人达成融资意向，协商确定贷款利率、期限等要素。

2. 委托人与借款人在业务银行开设结算账户，委托人向业务银行出具贷款委托书，并由委托人和借款人共同向银行提出申请。

3. 银行受理客户委托申请，进行调查并经审批后，对符合条件的客户接受委托。

【创新产品】

现金池就是采用委托贷款的方式将资金在集团内部进行划拨。委托贷款简单来说就是一方向另一方贷款，委托第三方（商业银行）进行管理。商业银行不承担贷款损失风险，只负责按照委托人所指定的对象或投向、规定的用途和范围、定妥的条件（金额、期限、利率等）代为发放、监督使用并协助收回贷款。

现金池基本操作，以公司总部的名义设立集团现金池账户，通过子公司向总部委托贷款的方式，每日定时将子公司资金上划现金池账户。日间，若子公司对外付款时账户余额不足，银行可以提供以其上存总部的资金头寸额度为限的透支支付；日终，以总部向子公司归还委托贷款的方式，系统自动将现金池账户资金划拨到成员企业账户用以补足透支金额。根据事先约定，

在固定期间内结算委托贷款利息，并通过银行进行利息划拨。

委托贷款排除了企业间借贷的禁令，使得企业有效地集中化管理现金成为了可能。

加强与资产管理公司的合作，创新模式，开展非标准委托贷款业务，实现存款沉淀和中间业务收入的双丰收。

【适用客户】

闲置资金较多，希望获得理财收益，同时厌恶风险的投资者。这类投资机构往往属于大型资产管理公司等。

【银行收益】

银行会获得可观的中间业务手续费收入。

【案例】大理省城市建设投资有限公司（委托贷款+承诺函）

一、企业基本概况

大理省城市建设投资有限公司（以下简称：省城投公司）成立于2005年4月，是现代大型国有企业。

省城投公司以"政府引导、市场机制、企业运作"为指导思想，围绕云南省委、省政府关于城镇化建设的战略部署，实现政府意图。通过建立科学高效的投融资体系，在政府重点关注的产业区域发挥种子资金的积极引导和多级放大作用，以有限的直接投入带动大量社会资金参与。

二、银行授信方案

银行为其核定10亿元授信额度，引入北京巅峰地产基金，由该基金提供委托贷款，委托银行向大理省城市建设投资有限公司提供贷款。

为了保证北京巅峰地产基金的资金安全，由银行提供贷款承诺函，承诺保证在委托贷款到期日，银行对大理省城市建设投资有限公司发放贷款，用于归还北京巅峰地产基金委托资金。

十、贷款承诺函

贷款承诺函属于商业银行的中间业务，可以给银行贡献非常可观的中间业务收入。

【产品定义】

贷款承诺函是指银行与借款客户达成的一种具有法律约束力的正式协议，银行在有效承诺期内，按照双方约定的条件、金额和利率等，随时准备应客户需要提供贷款，并有权向借款客户收取承诺费的一种授信业务。

【业务流程】

1. 提出书面申请。

2. 除提供基本生产经营、财务资料外，还应提供以下项目资料：

（1）使用政府投资的项目，提供有权部门同意立项的批准文件、有相应资质的机构提供的可行性研究报告及批复文件；

（2）根据有关部门要求提供环保评价报告及批准文件、特殊行业批准文件、其他批准文件；

（3）资本金和其他建设、生产资金筹措方案及落实资金来源的证明材料；

（4）其他前期准备情况。

有效期：

从开出之日起到正式签订借款合同止。一般为 6 个月，最长不超过 1 年。

【适用客户】

有着固定资产投资需要，需要向国家相关审批部门报批的客户，这类客户往往需要银行提供贷款承诺函，国家相关审批部门看到项目需要的资金能

得到解决的时候，才会批准项目的立项申请。

【银行收益】

可以给银行贡献非常可观的中间业务收入，为银行捕捉随时的贷款机会。

【案例】河北纵横燃气管道有限公司授信（贷款承诺函）

一、客户概况

河北纵横燃气管道有限公司成立于2005年11月，注册资金3亿元。河北纵横燃气管道有限公司是专为安阳—洛阳输气管线工程成立的项目公司，该项目是国家重点工程“榆林—济南天然气管道项目”的重要组成部分，也是河南省“十一五”规划重点能源项目、河南省重点建设项目；该项目核准、环评、土地及其他手续一应俱全；安阳—洛阳输气管线工程项目全长333公里，总投资15.16亿元，其中项目资本金3亿元，项目贷款12亿元，项目已建成开始运营。

（一）主营产品及产能、产量

该公司年设计输气量11.4亿立方米。全线共设6座工艺站场。主干线自北向西南途经安阳、鹤壁、新乡、焦作和洛阳5市，全长约323公里，管径为φ610，设计输量$15\times108m^3/a$。洛阳石化支线自吉利分输清管站向西到达洛阳石化，途经孟州市、吉利区两市，全长约10公里，管径为φ273，设计输量$2\times108m^3/a$。该公司项目依托中石化鄂尔多斯天然气通过榆林—濮阳—济南输气管道，天然气资源来源于中石化开发的内蒙古鄂尔多斯塔巴庙区大牛地气田。中国石化已经与中石化洛阳分公司、郑州燃气公司、洛阳燃气公司和沿线其他几个城市的燃气公司等用户初步签订了供气协议，预计2013年及以后协议气量达11.4亿立方米/年。

（二）上下游客户及主要结算方式

该公司上游企业为中石油化工股份有限公司天然气分公司，根据与中石化天然气公司签订的购气协议，企业年输气量为11.4亿立方米/年。主要结算方式为现汇。

下游客户主要为中国石油化工股份有限公司洛阳分公司、洛阳新奥华油燃气有限公司、新乡新奥燃气有限公司、郑州燃气股份有限公司、孟州市高

远天然气有限公司、河南天伦燃气集团有限公司、济源中裕燃气有限公司等。由于河南天然气紧缺，下游天然气公司均积极争取气量，已与孟州市高远天然气有限公司、河南天伦燃气集团有限公司签订2012年输气合同，其他公司供气合同正在签订中。

（三）2010—2012年财务概况

单位：万元

	2010年	2011年	2012年最近一期
资产总额	164 207	168 014	169 607
负债总额	133 887	137 694	137 051
所有者权益	30 320	30 320	32 556
主营业务收入	—	—	19 830
净利润	—	—	2 236
经营活动现金净流量	—	—	—
资产负债率（%）	81.54	81.95	80.81
流动比率（%）	5.33	3.68	2.32
主营业务利润率（%）	—	—	30.26

二、2013年客户营销计划

授信方案

单位：万元

授信总敞口							
拟新增或追加授信							
额度类型		综合授信		授信方式			
授信额度		15 000		期限（月）		12	
授信品种	币种	金额	保证金比例	期限（月）	利/费率	是否循环	串用说明
流动资金贷款承诺函	人民币	15 000		12	按照银行规定执行	是	按照银行规定串用
授信总敞口（含现有授信/万元）							

十一、信贷证明

信贷证明属于商业银行的中间业务，对于商业银行而言价值重大，可以有效锁定客户，同时贡献可观的中间业务收入。

【产品定义】

信贷证明业务是指银行应客户要求，在其参与工程等项目建设资格预审、投标、履约时，在资格预审阶段开出的用以证明客户在中标后可在银行获得针对该项目的一定额度信贷支持的授信文件；或在客户对外签订商务合同情况下，银行提供证明，该客户在本行有一定额度的信贷支持，可以保证客户的商务合同履约的需要的一种授信文件。

信贷证明是银行提供给客户的具体授信的陈述文件，这些授信必须是已经获得批准，可以随时启用或正在使用的授信。

补充说明：信贷证明即企业在其参与工程等项目建设及商务合同竞买方资格预审时，向银行提出申请，经银行评审同意后，由银行出具的一种融资证明，旨在证明申请人在承包工程及商务合同履约过程中有能力从银行获得必要的信贷支持。

信贷证明往往被要求与投标或履约保函一并出具，信贷证明和保函都是银行帮助企业去获得工程、商务合同。

【基本条件】

申请信贷证明业务的客户应符合以下条件：

（1）有真实、合法的项目建设或商务贸易背景；

（2）资信状况良好，具备履行合同、偿还债务的能力；

（3）有健全的组织机构、经营管理制度和财务管理制度；

（4）在银行开立结算账户；

(5) 银行评定信用等级在AA-级（含）以上或经营正常、现金流量充足的未评级企业（低风险业务除外）；

(6) 无不良信用记录；

(7) 申请人当年施工资质须在国家二级（含）以上；

(8) 投标项目须为省级（含）以上的重点项目；

(9) 其他条件。

【适用客户】

信贷证明适用于工程施工承包企业，比如铁路工程施工企业，中国中铁工程集团、中国铁建集团下属企业都是这类业务的大户；道路施工企业，包括各地的城建集团、建工集团、路桥集团等。

具体包括：中铁一局集团有限公司、西安萌兴高等级公路工程股份有限公司、中交二公局第六工程有限公司、中交第二公路工程局有限公司、中交二公局第三工程有限公司、陕西公路交通科技开发咨询公司、陕西路桥集团有限公司、中铁二十一局集团有限公司、中铁二十局集团有限公司、东盟营造工程有限公司、中铁二十局集团电气化工程有限公司、陕西建工集团总公司等。

在并购交易中，该产品也经常被使用到，出售方要求竞买方出具银行信贷证明，证明竞买人确有足够的备用资金能够完成价款支付。

【营销建议】

信贷证明往往和投标保函捆绑销售，银行为客户签发投标保函后，应当积极向客户询问，是否有签发信贷证明的需要。银行通过签发信贷证明可以提高客户的综合回报，降低营销的边际成本，同时，为未来营销针对项目的贷款和银行承兑汇票提供了机会。

营销信贷证明通常都是针对特大型的施工企业、设备供应商等。

【证明额度】

根据申请人的要求，银行出具信贷证明的最高额度须与客户承建项目能

在银行取得的短期贷款金额相匹配。每笔信贷证明的金额一般为项目总标金额的10%，最高不超过项目总标金额的30%。凡有足额现金（包括本行存单）质押的信贷证明不受以上规定限制。

【证明期限】

信贷证明的有效期限应根据项目主合同（或主债务）的履行期限确定，一般不得超过3年。对因项目投资额大、施工期限长，应招标人或项目业主的统一要求和投标人的申请而确需延长信贷证明期限的，经一级（直属）银行审批可视信贷证明申请人资信情况给予适度延长，但最长不得超过项目主合同的有效期限。

如投标人流标，信贷证明自流标之日或申请人获得信贷证明文件项下的贷款时自动失效。

【证明费率】

办理业务时，银行应一次性向申请人收取信贷证明业务手续费，费率最低按出具信贷证明金额的0.05‰～0.1‰确定，对不足500元的按500元收取，银行可在此基础上适当提高。

【业务流程】

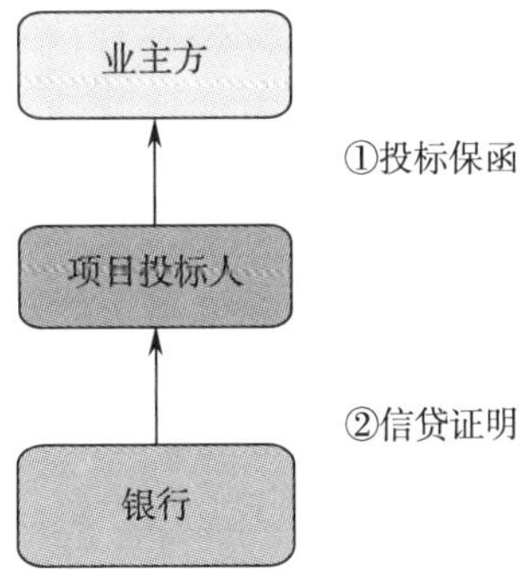

图1　信贷证明业务流程图

（一）在受理申请信贷证明业务时，申请人应提供以下资料：

1. 营业执照副本、法人代码证副本、税务登记证副本、法定代表人证明文件；

2. 项目或贸易背景的相关证明文件，包括资格预审邀请书、项目资格预审文件、招标邀请书、招标文件、投标文件、资质证书及有关管理部门文件等；

3. 银行信贷证明申请书；

4. 申请人上年度和近期的财务报表，包括资产负债表、损益表和现金流量表；

5. 具有申请人有效签章的开具信贷证明协议书；

6. 按规定需要被授权客户提交的有关授权文书；

7. 申请人近 3 年的项目中标及施工情况记录；

8. 证明人要求的其他资料。

（二）信贷部门在收到申请人的申请资料后，应对申请人提供的有关资料进行如下内容的调查核实：

1. 申请人的合法资格；

2. 申请人的资质和投标项目是否符合条件；

3. 信贷证明申请书填写是否完整、真实；

4. 信贷证明有关交易、项目的真实性、可行性；

5. 申请人的信誉状况，是否有不良记录；

6. 申请人的资产负债、效益、现金流量情况以及履行合同的能力，结合项目、交易情况，测算可能提供给申请人的最高流动资金贷款额度。

信贷部门签署审查意见后送法律事务部门。

（三）法律事务部门负责审查以下内容：

1. 申请人主体资格；

2. 是否在授权权限之内；

3. 开具信贷证明协议、信贷证明文本的合法性、有效性，证明范围、证明期限、证明责任是否明确、合理；法律事务部门签署意见后送主管信贷副行长签批。

（四）主管行长按照授权权限进行审批，报行长签批。按规定须经信贷审查委员会审议的，提交信贷审查委员会审议。

（五）因申请人/投标人流标或信贷证明到期，信贷部门应即时向申请人发出信贷证明撤销通知书并要求回执。

【异议处理】

（一）申请人发生下列情况之一，即被视做违约：

1. 未经证明人同意，发生或实施重大经营体制变化，包括实施承包、租赁经营、联营、合并（兼并）、合资（合作）、分立、产权转让、减资、股权变动以及其他可能影响证明人利益安全的行为；

2. 发生对其正常经营活动构成危险或对其履行项目主合同项下的义务产生重大不利影响的任何其他事件，包括但不限于涉及重大经济纠纷、发生或涉及重大诉讼或仲裁案件、破产、财务状况恶化等，未能履行书面通知证明人的义务；

3. 所承接的项目发生重大方案调整或项目业主发生重大经营变故以及国家有关政策变化导致项目无法进行；

4. 歇业、解散、停业整顿、被吊销营业执照或被撤销。

（二）发生上述违约事件后，证明人有权终止履行（已开出信贷证明）项下的义务，拒绝新的业务申请，以防范风险。

【风险控制】

证明人开具信贷证明后，应加强跟踪检查，注意风险防范，重点检查以下内容，防止出现可能影响银行利益的事项：

1. 申请人是否中标，未中标项目下的信贷证明自行作废；

2. 申请人的经营活动、信用情况及财务状况在信贷证明有效期内是否发生重大变化，是否发生贷款逾期、欠息和其他不良记录；

3. 申请人与投标人或项目业主中标合同金额须与招标文件金额相符，注意信贷证明有效期间发生的涉及金额、期限等主要要求是否变更；

4. 其他可能影响信贷证明申请人履约能力的事项。

【其他规定】

信贷证明业务申请书、开具信贷证明协议书须使用银行统一文本格式，信贷证明文本原则上使用银行统一的文本格式。如申请人确需使用招标人或项目业主提供的文本格式的，经银行法律部门审查可以出具相应文本，但银行提供证明的内容仅限于：针对投标项目开具确定最高额度的贷款意向。

【案例】中国新元铁路工程公司（信贷证明）

一、企业基本情况

中国新元铁路工程公司注册资本高达128亿元，公司从事铁路系统的施工。公司是集基建建设、勘察设计与咨询服务、工程设备和零部件制造、房地产开发和其他业务于一体的多功能、特大型企业集团。

二、银行切入点分析

某银行非常重视开拓铁路系统工程施工企业，中国新元铁路工程公司属国内特大型铁路系统施工企业，实力非常雄厚。对该客户可以拓展银行保函、信贷证明等业务，有利于银行大幅提高中间业务收入。

三、银企合作情况

某银行为中国新元铁路工程公司核定授信额度15亿元，其中信贷证明5亿元、银行保函5亿元、流动资金贷款1亿元、银行承兑汇票4亿元。

附：中铁二局股份有限公司关于为控股子公司提供担保的公告

公司向交通银行股份有限公司成都分行申请综合授信10亿元，用于银行保函和信贷证明，授信方式为信用，并同意将该授信下的银行保函和信贷证明额度调剂给控股子公司中铁二局第二工程有限公司、中铁二局第四工程有限公司、中铁二局第五工程有限公司、中铁二局机械筑路工程有限公司使用，公司提供连带责任保证担保。

十二、银行与同业合作开展定向资产管理业务

银行通过与证券公司、信托公司或基金公司合作，可以将自身持有的信贷资产实现出表，有效降低银行的风险资产占用。

【产品定义】

银行与证券公司、信托公司或基金公司合作，通过同业将现存信贷资产转让给同业的一种同业操作业务。

定向资产管理是证券公司（信托公司或基金公司）为单一客户办理的一种业务，是指证券公司（信托公司或基金公司）与单一客户签订定向资产管理合同，通过该客户的账户为客户提供资产管理服务的一种业务。其中具体的投资方向应在资产管理合同中约定，必须在单一客户的专用证券账户中运营运作。

【政策依据】

《证券公司定向资产管理业务实施细则（试行）》和《证券公司集合资产管理业务实施细则（试行）》。

【适用客户】

证券公司、信托公司或基金公司，这些都是商业银行的重要同业客户资源。

【银行收益】

可以将银行现有信贷资产大量出表，节省银行宝贵的信贷规模。银行将票据贴现、贷款、国内信用证议付等资产卖断给证券公司，实现资产出表。

【案例】

华夏证券股份有限公司是我国较早成立的全国性证券公司。公司业务主要包括：发行和代理发行各种有价证券；自营和代理买卖各种有价证券；有价证券的代保管、鉴证和过户；代理还本付息、分红、派息等权益分派；基金和资产管理；企业重组、收购与兼并；投资咨询、财务顾问；外币证券业务；等等。在当时，华夏证券公司是与南方证券公司、国泰证券公司并称为中国最早的三大全国性证券公司。

某银行有国内信用证议付资产高达10亿元，该银行联系华夏证券股份有限公司，将10亿元国内信用证议付资产转让给华夏证券股份有限公司。

华夏证券股份有限公司将这10亿元国内信用证议付资产打包给理财大户。

十三、小微企业零保证金商业承兑汇票业务

商业银行的传统思路是对小微企业提供贷款，利率一般都是 10% 以上，而我们提供一种特定的商业承兑汇票融资策略，小微企业的融资成本下降到 9% 左右，银行的中间业务收入会大幅提升。

【产品定义】

小微企业零保证金商业承兑汇票业务是指银行对小微企业办理零保证金商业承兑汇票，用于小微企业的采购支付，由小微企业代理收款人办理贴现，银行将贴现后资金直接划拨给收款人的一种特定票据业务操作。

其实，只要银行对小微企业核定了授信额度，无论是贷款还是签发商业承兑汇票，对于银行而言，风险程度都一样，都是用信的方式。

【适用客户】

在银行核定有授信额度的小微企业。银行采取新颖的用信方式，从贷款用信转化为使用商业承兑汇票用信，可以有效降低银行的信贷规模消耗。

【银行收益】

1. 银行会获得极为惊人的中间业务收入。银行收入结构：商业承兑汇票直贴报价—— 商业承兑汇票转贴报价。

2. 有效解决银行自身贷款规模不足的问题，通过商业承兑汇票的直贴和转贴，腾挪出信贷规模。

【存款贡献分析】

第一种方式：给一个小微企业发放 6 个月 300 万元贷款。贷款利率定

价10%。

银行获利：15万元（利息收入）。

银行成本：消耗300万元风险资产。

第二种方式：给这个小微企业办理6个月300万元商业承兑汇票，买方付息+代理贴现，利率定价9%，企业承兑手续费0.05%，企业综合成本9.05%。银行当天选择转贴现卖出，卖出定价5%。银行获利4.05%。

企业节省：0.95%。

银行获利：6万元（中间业务收入）。

银行成本：零。

对小微企业的零保证金商业承兑汇票业务，采取超定价方式，与当前市场上的通行贴现利率并不挂钩，而是与小微企业的贷款成本进行挂钩比较即可，稍微低于贷款成本。

不可以横向比较，而是纵向比较。

【案例】担保+商业承兑汇票贴现+全额保证金银票

神州数码控股有限公司（以下简称神州数码）2000年从原联想集团分拆成立，2001年在香港联合交易所主板上市（股票代码00861，HK），2011—2012财年（从2011年4月1日至2012年3月31日）营业额达703.19亿港元，是中国最大的整合IT服务提供商。从神州数码诞生的第一天起，它就确定了自己的理想——“数字化中国”，也因此命名为神州数码。它要打造一家百年老店，让神州数码成为中国最具价值的IT服务供应商，通过持续创新，为客户提供卓越的全面整合服务，以实现数字化中国的理想。在推进中国行业信息化的进程中，神州数码用其敏锐的洞察力、丰富的行业经验、整合的IT服务，帮助行业及企业用户把信息技术应用转化为战略性的资产，充分挖掘信息技术的能量，获得竞争的优势。经过十年的发展，神州数码已建成覆盖全国的IT营销网络，成为中国最大的整合IT服务提供商。神州数码当之无愧地坐上了中国IT服务的头把金交椅。截至2010财年，神州数码十年间的收入增长超过6倍，净利润增长超过9倍，总资产、净资产增长分别超过8倍和20倍，总市值增长近9倍。神州数码已与130多家国际顶尖IT供应商、2万多家遍布全国的渠道商建立了良好的合作关系。

神州数码有房产价值2亿元，抵押率70%，银行提供1.4亿元授信额度，

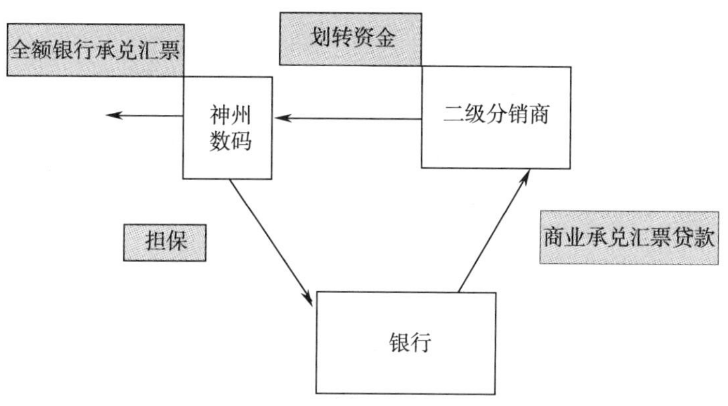

图1　商业承兑汇票贷款业务流程图

建议客户使用为担保额度。二级分销商办理商业承兑汇票（替代贷款），划转到神州数码控股有限公司，银行立即对神州数码控股有限公司的资金进行冻结，办理全额保证金银行承兑汇票，银行吸收存款超过2亿元人民币。

十四、代理销售信托计划

信托公司是非常重要的渠道类客户，银行应当非常重视，手中有一到两个信托公司客户作为备用资源，一方面，可以为因种种原因银行不能切入的优质贷款客户提供新的营销工具；另一方面，通过发行信托计划，可以将其作为理财产品，营销高端客户。

【产品定义】

代理销售信托计划是指银行接受信托公司的委托，作为信托计划的代理推介银行、代理收付银行、保管银行，在银行的营业网点为投资者提供信托计划的推介、认购、缴款、信托收益分配、到期兑付等一系列服务，并向信托公司收取手续费的一项中间业务。

【业务特色】

银行拥有丰富的理财客户资源、众多的营业网点、便捷的结算手段、健全的规章制度，能为信托公司解决销售渠道和客户资源的难题。

【产品优势】

银行可以为自己的理财大客户提供丰富的信托产品，吸引高端的理财客户群体，获取极为可观的中间业务收入。

【产品分类】

项目用款人与信托公司合作，委托信托公司发行信托计划募集资金，委托人采取贷款的方式将资金贷给项目用款人，贷款到期项目用款人偿还贷款本息，信托公司偿付投资人的本金及收益的一种信托业务。

信托计划主要有以下三种：

1. 流动资金贷款资金信托

流动资金贷款资金信托是指信托公司接受借款人的委托，发行信托计划，信托公司将募集到的资金采取流动资金贷款方式贷款给借款人的一种信托。

2. 房地产投资信托

房地产投资信托是指委托人基于对信托投资公司的信任，将自己合法拥有的资金委托给信托投资公司，由信托投资公司按委托人的意愿以委托人的名义，为受益人的利益投资房地产开发和经营的一种信托方式。

3. 土地信托业务

土地信托业务是指在各地政府建立土地储备制度的情况下，城市土地储备机构以自己的名义，将储备的土地委托给信托公司，由信托公司作为受托人，负责信托土地开发的融资活动，并独立、委托或联合土地开发企业进行土地开发，最后通过土地公开交易市场拍卖土地取得现金回流，支付给投资者投资收益的一种信托方式。

【点评】

政府最大的优势在于它是制定政策的部门，可以决定游戏规则。政府通过垄断土地的一级市场，将房地产行业最丰厚的利润纳入囊中。大额长期的资金是盘活土地的最重要因素，而政府机构最大的问题也在于资金紧张，花钱的项目太多，“八个瓶子七个盖子”，资金总不够用。因此，土地信托大行其道。

银行通常需要根据本行的信贷标准为拟发行信托计划的客户核定授信额度，一方面，保证严格筛选信托项目，对投资者负责；另一方面，可以作为备选信贷项目，一旦客户到期流动资金紧张，不能到期兑付信托，则由银行提供过桥贷款。

切记对于本行信贷标准不能通过的项目，不要发行信托计划。

【适用客户】

可以突破很多对商业银行信贷投放的政策性限制。

1. 商业银行本身的资本充足率决定只能办理有限规模的贷款，或根据组合信贷管理，对部分银行业不能超过确定最高限额的行业，如房地产行业，通过信托计划，可以在商业银行不能放贷的时候为企业融通资金，维系客户关系。

2. 可以获得利率的突破，针对一些优质的借款人，采取信托计划融资的利率可以低于贷款利率，使客户获得一定的财务利益。

3. 银行可以获得大额、稳定的资金沉淀，同时可以获得不菲的手续费收入。

【业务流程】

1. 银行、信托公司、项目借款人三方商议信托计划的具体详情，包括融资金额、期限、融资利率、担保等。

2. 项目借款人与信托公司签订委托融资协议，信托公司与银行签订代理销售信托计划协议，项目借款人与信托公司、银行签订信托计划资金监管协议。通常商业银行负责信托计划的销售和信托资金的监管。

3. 信托公司与商业银行合作，发行集合资金信托计划，向投资者（资金委托人）募集资金。

4. 资金全部归集到信托公司账户后，请会计师事务所核数，出具书面报告。信托公司按照信托文件的要求，扣除必要的管理费用和其他税费后，银行将全部资金划给项目借款人，后者在银行监管下使用资金。

5. 信托计划到期前，项目借款人筹措资金，划入信托公司在银行开立的指定账户。

6. 银行协助信托公司兑付投资者的本金和收益。

【银行收益】

1. 银行可以营销高端理财客户，间接为本行的储蓄存款增长提供动力。

往往高端理财客户对理财产品的收益率非常在意，普通的以国债为标的物的理财产品的收益很难打动高端客户。例如，市场上一般1年期银行理财产品的收益率在5%左右，而信托计划的收益率动辄可以达到9%左右，收益远远高于银行普通理财产品。

2. 银行可以获得惊人的代销中间业务手续费，大幅提升中间业务收入。银行代理信托业务的手续费率可以定为1%～2%，手续费惊人。

【案例】长安银行代理发行的首笔信托计划顺利兑付

长安银行代理发行的首笔信托计划——“神木县麻家塔乡赵仓峁煤矿集合资金信托计划”于2011年11月22日顺利结束，按照预期最高收益率向客户进行了兑付，实现中间业务收入150万元。

该笔信托计划是由陕国投发起设立，于2010年11月由长安银行代理发行募集资金近1亿元，是继长安银行开展“长盛理财”特色品牌业务后，总行为进一步细分客户市场，满足高端客户对高收益产品的要求，在全行范围内首次以代理方式发行的信托计划。代理发行信托计划不同于发行长安银行自主开发的理财产品，长安银行不承担信托兑付风险，但为保证业务的安全性，总行有关部门对该信托计划所涉及的项目进行了深入调查研究，信托计划运作良好，兑付及时。

长安银行在前期成功代理发行的基础上，又成功代理发行了腾伟矿业和百吉矿业两个集合资金信托计划。代理发行信托计划不仅丰富了长安银行的产品，为高端客户提供了高收益的理财产品，增加了长安银行的中间业务收入，也满足了长安银行优质客户的融资需求，开拓了业务发展的新途径。

十五、同业货币移存

同业货币移存是商业银行拓展资金盈利业务的重要渠道，商业银行作为资金“掮客”，在资金市场上低进高出，赚取资金点差收益。

【产品定义】

同业货币移存是指商业银行充分利用自身的信用优势，从资金充裕的银行以较低的成本吸收同业存款，然后以较高的价格转存给紧缺的银行，从中获得一定资金点差收益的业务操作。

【操作模式】

同业存款，也称同业存放，全称是同业及其他金融机构存入款项，是指因支付清算和业务合作等的需要，由其他金融机构存放于商业银行的款项。

【适用客户】

中国经济发展极不平衡，在一些经济欠发达的劳务输出地区，例如河南、贵州、四川等省（市）的欠发达地区，每年大量的打工收入被汇回当地，而当地工业并不发达，信贷资金需求不足，会导致到期资金闲置，当地银行在贷款投放不足的情况下，选择盈利性地存放于同业大行。

这些通常都是一些大银行的操作思路，其利用自身极佳的信誉优势，从一些资金高度闲置的地区低成本吸引资金，然后转存给经济极为活跃、信贷资金需求极为旺盛的地区。在倒腾资金的过程中，赚取利差。

所以，经济学中经常讲："富人都是负债累累，到处借钱；而穷人都是省吃俭用，到处存钱。"

【银行收益】

银行可以获得非常可观的点差收益，银行采取低利息借入、高利息拆出的方式，获得可观的资金点差收益。

由于一手托两家，上下游都是金融同业，资金风险极小。

【存款贡献分析】

会给银行贡献极为可观的同业存款，形成极为可观的同业资金来源；会给银行贡献极为可观的点差收益，属于中间业务收入。

【案例】

中国银行某省分行一直较为活跃。该行发现甘肃某地招商银行存款量极大，而且存贷比极低。而广东某地民生银行信贷规模非常紧张，迫切需要资金。

中国银行某省分行采取货币移存策略：从甘肃某地招商银行吸收同业存款 10 亿元，定价 5%，存期 3 个月；在资金到账当日，将资金全额移存给广东某地民生银行，定价 6%。中国银行某省分行无风险获得 1% 的资金点差收益，扣除中间的营销费用，银行获得中间业务收入 200 万元。

十六、贸易融资定向拆借

贸易融资定向拆借以商业银行确定的贸易融资为依托，向同业单笔借入融资，相对于单纯的同业存款吸收资金和同业拆借，成本会大幅下降。

【产品定义】

贸易类同业资金拆借业务是指基于信用证或者保理等真实贸易背景下，融出资金的银行接受融入银行的申请，向其拆出同业资金，由融入资金银行向融出资金银行支付利息并到期还款的业务模式。

在该业务模式下，融入资金银行负责审核贸易背景的真实性并对其负责。

【风险控制】

融出资金的银行必须为融入资金的银行核定同业授信额度。

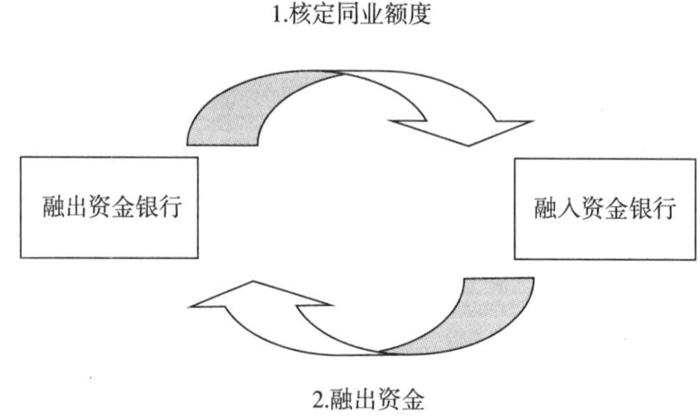

图 1　风险控制图

【业务流程】

双方达成合作意向后，应先与委托方签订业务合作协议。协议文本应统一采用总行制定并发布的标准格式文本，若需修改协议条款或使用对方协议文本，需由总行业务主管部门及法律合规部门分别对所修改的业务条款和法律条款内容进行审核。协议正式签署后，银行须将双方签字盖章后的协议文本及银行法律意见书报送总行备案。

委托方向银行提出业务申请后，银行业务人员应首先确认委托方的业务资质，并充分了解拆借款项所涉及的企业情况及贸易背景，但企业资质及贸易背景真实性由委托方负责审查并承担相应责任。

【基本规定】

银行本着“自主谈判、逐笔成交”的原则，与委托方就拆借规模、利率、期限等交易要素进行协商，其中拆借期限原则上不应超过一年。

【风险控制】

1. 业务开展原则上期限最长不得超过委托方由中国人民银行规定的拆入资金最长期限。

2. 资金拆放规模遵循人民银行对金融机构同业拆借限额管理规定执行。

3. 银行应密切关注拆借款项贸易背景以及委托方的信用状况，若出现可能影响还款银行按时还款的异常情况，应及时向总行汇报。

【适用客户】

金融同业之间。通常资金拆出行都是大型银行，或者本身属于储蓄型大型银行，可以吸收较多的低成本储蓄资金；而拆入资金的银行都是小型银行，本身信贷规模紧张。

【银行收益】

可以借船出海，借用同业的资金和规模去维护本行的大型信贷客户。

【案例】

一、企业基本概况

安徽彭毅纸业股份有限公司，该公司主营产品为无碳纸、热敏纸，符合国家造纸产业政策及相关技术政策，属于国家鼓励发展的项目。无碳复写纸由CB纸、CFB纸、CF纸组成，以实现三层以上多层复写。目前无碳复写纸的生产设备和原料已国产化，应用领域从邮政、税务等正在扩大到普通商业领域。

该公司供应商为上海大伟有限公司，可以接受银行承兑汇票和国内信用证。

二、银行授信方案

该公司属于某中小银行的黄金客户群体，该中小银行准备为该公司办理国内信用证2亿元，但是该行信贷规模不足。银行引入中国银行准备办理福费廷业务，由中小银行为上海大伟有限公司办理国内信用证议付，然后通过与中国银行黑龙江分行办理福费廷业务，顺利实现引入同业资金。

十七、国内信用证同业偿付业务

假远期国内信用证偿付业务属于银行的融资业务，可以给银行贡献非常可观的中间业务收入，有效降低风险资产的占用。

【产品定义】

假远期国内信用证业务是指在延期付款的国内信用证项下，由开证行指定的第三方银行（偿付行）即期向受益人支付信用证项下全额款项，待远期期限到期时，开证行连本带息向第三方银行（偿付行）支付其所代偿的款项的一种国内信用证业务。

假远期国内信用证业务，名义上是远期付款承诺，但是，由于开证行指定了第三方银行即期付款，所以，对收款人是即期付款。

举个简单的例子：A 给 B 付款，甲银行办理假远期国内信用证 1 000 万元，国内信用证约定期限为 180 天付款的远期信用证，指定乙银行即期付款。这样，B 只要提交符合信用证要求的单据，就可以即期收到 1 000 万元的信用证款。

款项从哪里来呢，是由乙银行划付给甲银行，甲银行再转给 B。

那么：乙银行为什么愿意替甲银行的信用证付款呢，对于乙银行而言，属于资金业务，可以获得资金利息收入。为了控制风险，乙银行需要对甲银行核定同业授信额度。

甲银行在委托乙银行作为偿付行的时候，需要对客户高报价，对乙银行低报价，从中赚取点差。

远期国内信用证到期，甲银行将“资金本金全额 + 利息”支付给乙银行。

【业务种类】

该产品包括两个方向的业务：

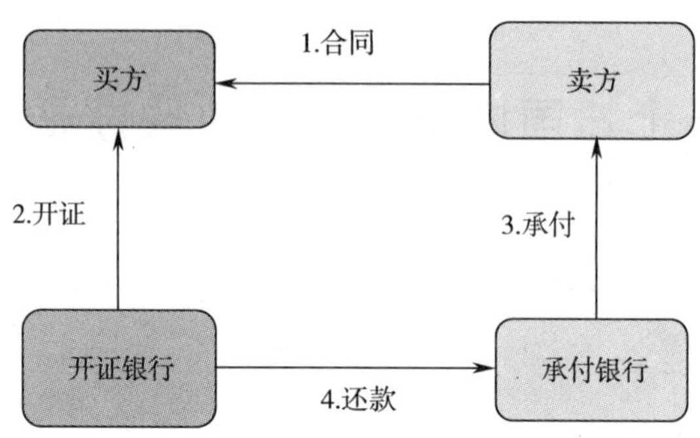

图 1　国内信用证承付业务

一是本银行作为国内信用证的开证行，在开立的国内信用证中指定第三方合作银行作为偿付行；

二是在第三方合作银行开立的国内信用证中，本银行被指定为偿付行。

【业务流程】

1. 银行作为开证行的假远期国内信用证操作规程。银行与合作银行签署协议，协定将指定合作银行作为假远期国内信用证业务的偿付行，并确定相关合作条件。

2. 客户在“开立国内信用证申请书”中的“其他条款”部分加具“开立假远期信用证”的指示，同时在“开立国内信用证承诺书（背面条款）（专用于假远期国内信用证）”中加列如下条款：“在假远期国内信用证项下，鉴于贵行安排偿付行对信用证项下符合信用证要求的单据进行即期偿付，我单位保证在偿付期限到期后无条件偿还付款本息及相关费用。”

3. 银行根据客户的申请，向偿付行发送“国内信用证偿付业务询价函”，与偿付行初步议定偿付条件。

4. 在收到偿付行的回执确认后，银行向开证申请人报价，议定假远期国内信用证价格后，办理信用证的开立。银行原则上应在收到合作银行回执后的 3 个工作日内开出信用证，否则应重新向合作银行确认偿付事宜。

银行按照“国内信用证格式（用于假远期信用证）”开立国内信用证。信用证中列明偿付行，并在“其他条款”中加具“本信用证项下单据由偿付

行即期支付，融资利息和承兑费用由申请人承担”。承诺文句中加具：“银行保证在收到单证相符的单据后，将授权偿付行按照受益人的指示即期付款”。

5. 银行收到议付行提交的相符单据后对单据作出承兑，并向偿付行提交“国内信用证偿付业务申请书”，与偿付行确定最终的偿付条件。

6. 远期期限到期后，开证行按约定条件向偿付行偿付本息，同时向开证申请人索偿。

【适用客户】

通常都是关联企业之间使用国内信用证，或是买方较为强势，卖方处于弱势地位，愿意配合使用国内信用证。

【银行收益】

1. 可以为议付银行大量节省银行宝贵的信贷资源。属于国内信用证代付业务替代产品，效果极好。

2. 由于一般指定大型银行作为承付银行，可以保证开证银行的国内信用证被市场大范围接受。

【案例】黑龙江省龙心粮食管理有限公司假远期国内信用证

一、企业基本概况

黑龙江省龙心粮食管理有限公司是国有粮食购销企业，公司现地址为哈尔滨市道里区西头道街21号，公司为企业法人，注册资本800万元。经营范围包括粮油及副产品、建材、化工（不含危险品）、五金交电、粮食收购、销售饲料、日用百货、粮油机械、粮食储存包装材料、汽车租赁、进出口业务。

二、银行切入点分析

黑龙江省龙心粮食管理有限公司由于季节性收购粮食数量较大，流动资金供需矛盾突出，企业自有资金有限。2009年由于农发行受国家临时储备粮食的政策影响，放缓了对粮食贸易企业的贷款。为此，该公司2009年2月向银行提出国内信用证开立及买方押汇业务需求，申请授信额度为人民币920万元，期限1年，用于向其上游企业哈尔滨金阳粮食经销有限公司、集贤红

兴粮食公司、建三江农垦前进第二粮库有限公司、勃利广源粮油公司、绥东粮库、绥滨县东盈米业公司、通河褚东米业、海伦市伟丰米业加工厂、五常金禾米业有限公司等收购粮食，开立 180 天国内信用证及买方押汇。下游企业上海粮食储运公司与该企业已合作多年，销售合同是切实可信的。销售资金回笼是及时有保障的，是符合稳健经营、以销定购的原则的。该公司拟与省内 21 户企业签订购粮合同，这 21 户企业全部是黑龙江省产粮县（市）的粮食加工企业。该公司本次申请收购粮食的国内信用证融资 920 万元只相当于其合同总金额的 10% 左右。根据企业的经营计划，经营的粮食销售后可回笼资金 9 920 万元，完全可以足额偿还银行贷款本息。按照粮食行业的经营规律，公司经营周期约为 9 个月，并计划在 2010 年 8 月末前结束第一个经营周期。

单位：万元、%

供应渠道分析			
	前三名供应商（按金额大小排名）	金额	占全部采购比率
1	集贤红兴粮食公司	1 700	15
2	建三江农垦前进第二粮库有限公司	4 241	45
3	勃利广源粮油公司	1 000	8
销售渠道分析			
	前三名销售商（按金额大小排名）	金额	占全部销售比率
1	上海市粮食储运公司	14 691	32
2	南非	6 176	13.5
3	农产水物流通公司	21 923	47.7
上述销售商销售价格较高，客户稳定，都是公司多年的合作伙伴。同时，货款结算及时足额，从没发生过拖欠货款情况。以往均采用汇款方式进行结算。			

三、银行授信方案

国内信用证开立及买方押汇业务需求，申请授信额度为人民币 920 万元，授信敞口为人民币 768 万元，期限 1 年，用于向其上游企业——黑龙江省建三江农垦前进第二粮库有限公司、哈尔滨金阳粮食经销有限公司、勃利广源粮油公司、绥东粮库、绥滨县东盈米业公司、通河褚东米业、海伦市伟丰米业加工厂、五常金禾米业有限公司等收购粮食，开立 180 天国内信用证及买方押汇。

单位：万元

授信方案						
额度类型	公开授信额度		授信方式	综合授信额度		
授信额度	920.00		授信期限（月）	12		
授信品种	币种	金额	保证金比例（%）	期限（月）	用途	收益
国内信用证项下开证授信	人民币	920.00	20.00	12		
授信性质	新增	本次授信敞口		736.00		
担保方式及内容						

【点评】

黑龙江省龙心粮食管理有限公司由于季节性收购粮食数量较大，流动资金供需矛盾突出，企业自有资金有限。由于农发行贷款受政策性影响较大，因此，大部分粮食企业都愿意寻找商业银行作为融资补充。粮食收储企业的资金需求季节性明显，一旦企业购销旺季过去，流动资金供需得以缓解，货款回笼日渐增加，企业就不再需要银行融资。所以，银行融资必须提早做好授信额度，方便企业使用。

由于黑龙江省龙心粮食管理有限公司与上游供应商关系密切，且黑龙江省龙心粮食管理有限公司处于强势地位，所以建议使用国内信用证，以便封闭议付融资。

十八、保险公司大额协议存款

保险公司一向属于市场上的资金供应大户，银行应当高度重视保险公司的资金，保险公司的协议存款资金虽然成本较高，但是如果可以与确定的资产匹配，成本仍然可以接受，可以给银行形成极大的资产业务。

【产品定义】

保险公司大额协议存款是银行对中资保险公司法人办理的 5 年期以上、3 000 万元以上，并订立协议存款合同和开立协议存款凭证予以确认的人民币存款品种。协议存款合同的签署仅限于商业银行总行法人和保险公司法人。

【基本规定】

最低起存期限 5 年零 1 天。

【适用客户】

各大保险公司。

【银行收益】

1. 可以给银行贡献可观的保险公司协议存款，保险公司协议存款最大的优势在于很容易与银行的长期项目贷款相匹配，实现银行的资金点差收益。毕竟，银行吸收 5 年期普通存款难度极大。

2. 可以要求保险公司匹配一定比例的普通存款，银行与保险公司搞好关系，可以要求保险公司存入一定比例的普通存款。

3. 可以获得项目贷款的资金沉淀，银行吸收保险公司协议存款，发放给企业后，可以获得贷款的资金沉淀。

【营销建议】

银行可以将保险公司作为商业银行的重要资金来源，保险公司资金量非常庞大，而且保险资金一般要求对应的项目均为长期信贷项目。而保险公司最大的劣势在于没有办理信贷的经验，对项目融资风险控制没有成熟的技术。银行可以与保险公司协作，彼此互补短长，分享城市基础设施信贷项目市场。

【案例】甘肃大湖投资集团有限公司授信（保险资金对接）

一、客户概况

甘肃大湖投资集团有限公司，省人民政府为出资人，委托省政府国资委负责资产监管，委托省交通运输厅负责行业管理、业务指导和人事管理。

二、授信方案

单位：万元

<table>
<tr><td colspan="2">额度类型</td><td colspan="2">公开授信额度</td><td colspan="2">授信方式</td><td colspan="2">综合授信额度</td></tr>
<tr><td colspan="2">授信额度</td><td colspan="2">350 000.00</td><td colspan="2">期限（月）</td><td colspan="2">36</td></tr>
<tr><td>授信品种</td><td>币种</td><td>金额</td><td>保证金比例</td><td>期限（月）</td><td>利/费率</td><td>是否循环</td><td>串用说明</td></tr>
<tr><td>项目贷款</td><td>人民币</td><td>350 000.00</td><td>0</td><td>36</td><td>基准上浮5%</td><td></td><td></td></tr>
<tr><td colspan="7">授信总敞口（含现有授信）</td><td rowspan="2">350 000.00</td></tr>
<tr><td colspan="7">与中国人寿保险公司35亿元协议存款资金相对应，要求保险资金全额覆盖贷款金额，资金点差不得低于1%。</td></tr>
</table>

三、授信项目风险分析及风险控制措施

1. 建设期与经营期风险。甘肃省的高速公路通车里程已位居全国第一，主要干线公路建设已基本完成，公司已由重点建设期转向经营管理期，建设期投入较大，未来经营管理成本的控制将直接影响利润。

2. 经营性资产减少带来的风险。近年，按照政府要求，受收费还贷公路等政策性因素的影响，该公司经营性资产减少，加之通行费多路径拆分的影响，利润有所下降，另外，高速公路建设周期长、投入大、收回慢的特点也会影响经营性收入。

3. 运输方式的不同带来的竞争风险。目前，航空运输市场已向民营资本

放开，运营成本进一步降低，越来越多的人选择航空运输。铁路部门也先后进行了五次大提速，以及近期国家对铁路的巨额投资都将对公路运输造成竞争。与航空运输、铁路运输相比，高速公路在运输成本、运营速度、安全性和舒适性方面存在一定差距，而且改进的空间不大，应发挥自身灵活、方便、快捷的优势。

四、相关效益分析

银行拟与交投集团就高资理财、保险资金、私募债等产品开展合作，并力求取得实质性进展，一旦落地，有望取得客观的负债以及中间业务收入。

十九、社保资金存款

社保资金量巨大，而且社保资金一般都是长期资金，与基础设施、保障性住房等资金对接，会给银行贡献非常可观的存款沉淀。

【产品定义】

社保资金存款是指银行为社保机构提供的资金存管业务，以保证社保资金的安全和理财增值的一种服务。

社保资金是社会劳动保障资金的简称，也简称为“社保金”，是由国家和地方社会劳动保障局统筹的，通过国家、地方、单位集体和个人多渠道筹集的资金，主要用于参与社保的劳动者的社会保障和社会福利，是为参保人员的未来生活提供最基本保障的“养老金”和未来生命意外抢救或医治的“救命钱”。

社保资金被国家和地方的相关管理部门按照规范许可的操作程序而进行投资增值的活动，即转化为投资资金，也称为“社保基金”。社保资金不同于社保基金，而社保基金来源于社保资金。

【适用客户】

全国社保和地方社保机构。

【银行操作】

1. 社保资金在银行存款。

2. 社保资金通过银行办理委托贷款，贷款给地方城投企业或保障性住房项目。

3. 社保资金通过银行购买信托计划，银行可以给这些特定信托计划提供担保。

【银行收益】

可以给银行贡献大额存款；引导社保资金采取委托贷款方式，应用于地方保障性住房项目，银行可以获得可观的委托贷款手续费和贷款后的资金沉淀存款。

【案例】某商业银行通过支持政府城投项目换35亿元社保存款

拉存大战频繁上演时期，稳定的财政性存款自然备受各家银行青睐。

福建省某地（市）城投公司，注册资本20亿元，项目需要资金高达10亿元，非常需要资金，且可以提供土地等抵押。

某商业银行通过引入保险公司资金方式为该地市城投公司融资，成功为该公司解决资金10亿元。作为对该商业银行的回报，该地（市）政府将当地10亿元社保资金存入该行。

二十、发债资金存款

银行利用短期融资券、中期票据、定向工具等发债手段，可以获得惊人的存款沉淀，因为这些资金使用用途受控。

【产品定义】

发债资金存款是指银行利用短期融资券、中期票据、定向工具等发债手段，带来企业大量资金沉淀，增加中间业务收入的一种拓展存款的方式。

随着企业直接融资的增加，银行利用短期融资券、中期票据、定向工具等发债手段，可带来企业大量资金沉淀，增加中间业务收入。

【适用客户】

发行短期融资券、中期票据、定向工具的客户。

【银行收益】

银行可以滞留大量的存款，存款非常稳定。投资银行产品一般金额大，手续费高。

【营销建议】

各家商业银行要高度熟悉投资银行产品，投资银行业务具有占用银行风险资产少、募集资金量大等特点，非常值得各家银行高度关注。

【案例】

徽商银行是全国首家由城市商业银行和城市信用社联合重组设立的区域

性股份制商业银行。徽商银行重组按照“6+7”方案进行整体设计，即由合肥、芜湖、安庆、马鞍山、淮北、蚌埠6家城市商业银行和六安、铜陵、淮南、阜阳等市的7家城市信用社合并组建，于2005年12月28日正式挂牌成立。

徽商银行一直在大力拓展短期融资券、中期票据、定向工具等发债业务，为本地的政府背景企业筹集建设资金，通过为本地合肥城投有限公司发行短期融资券，募集资金超过20亿元。由于企业用款进度滞后，在银行的存款超过10亿元。

二十一、交易双边融资

交易双边融资属于未来最流行的融资模式，可以有效锁定买卖双方，形成结算和信贷资金在银行的体内循环。

【产品定义】

交易双边融资是指银行立足于买卖双方的支付结算交易，通过先为卖方提供融资，满足买方对卖方的付款支付，再对买方提供融资，定向清偿买方的付款行为的一种双边融资业务。

【基本模式】

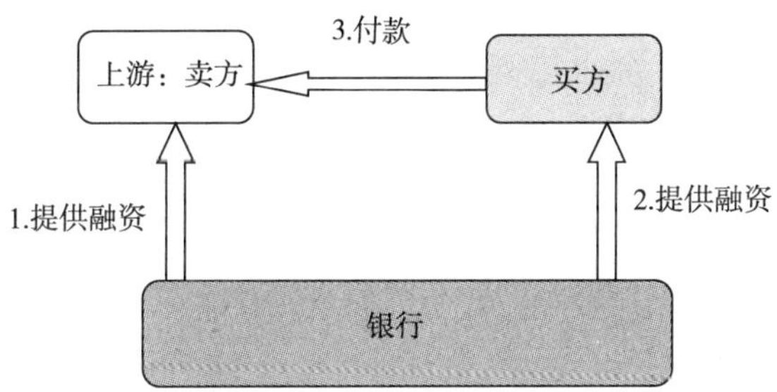

图1　交易双边融资基本模式

银行对卖方的融资操作：

（1）融资金额限定在银行对买方核定的授信额度内；

（2）融资同时不得大于买方与卖方本次结算的金额；

（3）银行对卖方融资必须首先取得买方的确认函，确认交易的真实和付款的真实。

银行对买方的融资操作：

（1）银行首先需要对买方核定授信额度；

（2）银行必须调查买卖双方交易的真实性；

（3）银行将买方的融资封闭划付至卖方账户，用于清偿前期对卖方的融资。

【银行收益】

1. 交易双边融资。针对一笔交易，银行对买卖双方提供融资，银行可以获得两个企业提供的融资利息。

2. 控制信贷风险。银行提供的融资，确定用于某项单笔的付款交易，可以有效降低银行信贷资金被挪用的风险。

3. 形成结算资金流的体内循环，银行向交易环节注入的信贷资金形成封闭的结算资金流，沉淀在银行体内。

【营销建议】

交易双边融资是一项非常新颖的授信技术，对企业提供的不再是泛泛的流动资金贷款，而是根据某笔确定的交易，依据买卖双方的交易，银行通过提供交易融资，帮助买卖双方解决融资支付问题，从而促进交易的实现。

银行首先以卖方作为融资的发起端，对卖方提供融资，解决卖方销售后款项周转的问题；其次以买方为融资对象，解决买方的付款问题，盘活整个资金链条。

【案例】双应收账款质押

企业基本概况：

中建一局集团物流有限公司承担中建集团系统内的物资集中采购，该公司注册资本1亿元，年度采购业务量高达30亿元。

银行同意给予中建一局集团物流有限公司交易融资框架性授信额度50 000万元，授信期限1年，以中建一局集团物流有限公司对中建系统内大型建筑企业的应收账款质押，质押率不超过80%，债务人须对应收账款进行确认，并通过协议、确认函等方式约定回款直接入银行指定账户。用款主体为申请人推荐的上游钢材供应商，授信品种为银行承兑汇票，保证金比例不低于30%，单笔业务提前2个月补足保证金。对供应商（用款企业）的增信

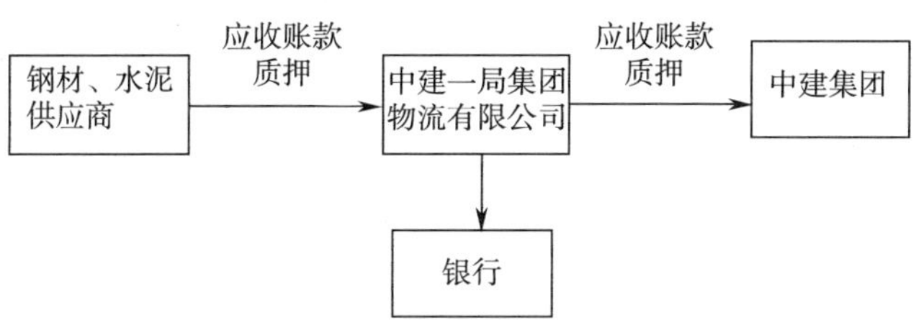

图2 双应收账款质押流程图

措施可在以下两种方案中选择使用：（1）以用款企业对申请人的应收账款作质押担保，质押率不超过80%，申请人确认应收账款，并通过协议、确认函等方式约定回款直接入银行指定账户；（2）视供应商资质及业务可操作性，也可参照购销通业务模式执行，即以协议方式约定供应商保证发货至银行指定仓库，承担发货至收货验收合格之间的阶段担保责任，申请人保证付款到供应商在银行指定唯一回款账户。

授信要求：

供应商基本准入标准：与申请人合作关系稳定，信用（含实际控制人）状况良好，成立时间较长，经营情况正常，财务安全，渠道及供货能力有保障；质押应收账款债务人基本准入标准：中建系统内大型建筑企业，资信良好，经营及财务情况正常，付款能力有保障。

【点评】

不创新是等死；创新了，而没有管控能力则是找死。商业银行是经营风险的行业，我们可以创新，但是必须能够管理好和控制好。例如，最近的动产融资在很多银行出事，货物丢了，货物被挪用比比皆是。不必一味地盲目相信创新，必须锻炼自己的管控能力。

商业银行的创新，不是一家公司业务部的事情，必须有信贷部、风险部等的通盘发力。同时，贷后管理必须跟上，贷后管理不是审计部门在事后定期地检查反馈，而是伴随信贷全过程的督导和控制。

二十二、交易接续融资

【产品定义】

交易接续融资是指银行对经营活动中的企业，根据企业的经营行为活动连续的特点，针对企业的每个经营时点提供融资，前后彼此置换、自动清偿的一种授信业务操作模式。

【适用客户】

交易链条非常清晰、交易链条较长的客户。如工程机械车经销商、煤炭经销商、钢铁经销商、成品油批发商等。

【营销建议】

很多企业的经营活动连续，一般从银行借入信贷资金进入企业的产业链循环，就成为企业资金经营链条的一部分，伴随着企业的经营全过程，企业的经营周而复始，往复循环不止。而银行的单笔融资有着明确的期限，需要企业定期将经营行为戛然而止，银行的这种简单的融资严重影响着企业的经营活动连续，而且增加了银行的信贷风险。

交易接续融资：银行针对企业的连续的经营行为，只要节点清晰，符合对银行的前期承诺，银行就可以提供连续的融资，前后置换。通过企业不断配合办理新的信贷业务品种，银行可以有效监控企业的经营活动的效率和承诺，同时银行的收益也会大幅增加，一个客户从头吃到尾。

【案例】

案例1：以万达商业地产有限公司的融资为例，万达经营必经的几个环

节：首先是拍地；其次是向银行申请开发贷，进行地产开发；最后是开发完毕，招租，银行提供经营性物业抵押贷款。

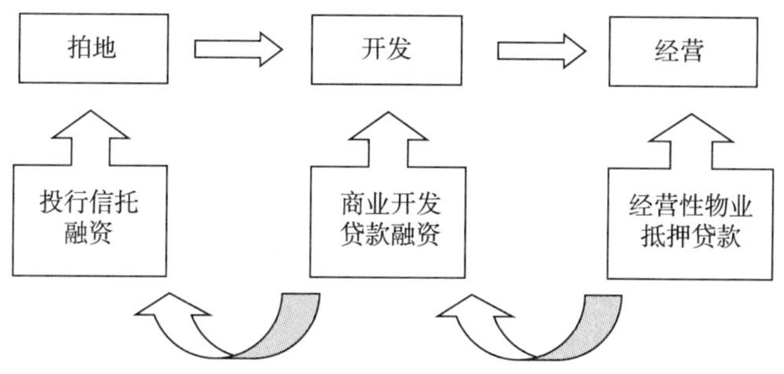

图 1　万达商业地产有限公司融资模式

案例 2：以煤炭经销的融资为例

煤炭经销商从煤矿购买煤炭，然后经过海运销售给发电企业。在煤炭经销商买煤的环节，银行提供预付账款融资；在煤炭经销商存储运销煤炭的环节，银行提供动产融资；在煤炭经销商销售煤炭给电厂，产生应收账款的环节，银行提供保理融资。

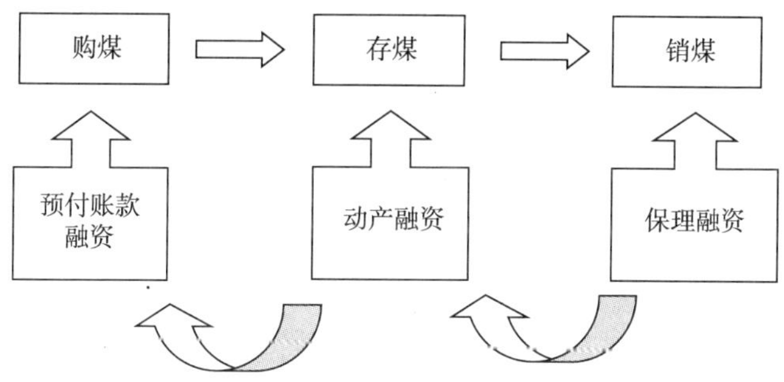

图 2　煤炭经销商融资模式

二十三、封闭置换融资

【产品定义】

封闭置换融资是指针对需要融资的客户，银行提供前后彼此置换的多个融资产品，前后彼此清偿，满足企业的支付融资需要的一种授信业务。

【基本规定】

在最高额授信总额内，银行提供前后置换的融资品种。

【基本模式】

1. 商业承兑汇票 +封闭贷款（6+6）。即银行为企业核定1年期可循环综合授信额度项下，根据企业的支付需要，银行为企业办理6个月商业承兑汇票用于支付，在商业承兑汇票到期前，银行对企业发放6个月定向流动资金贷款，用于解付商业承兑汇票的一种纵向组合融资业务。

2. 国内信用证+封闭贷款（6+6）。即银行为企业核定1年期可循环综合授信额度项下，根据企业的支付需要，银行为企业办理6个月国内信用证用于支付，在国内信用证到期前，银行对企业发放6个月定向流动资金贷款，用于解付国内信用证的一种纵向组合融资业务。

【适用客户】

交易活动中，买方处于相对强势，卖方愿意配合买方在银行启用授信额度的行为。

【营销思路】

银行可以引导买方使用这种融资思路，在“钢贸企业+施工企业”、“焦炭供应商+中小钢厂”、“石灰石等供应商+水泥企业”等产业链中，买卖双方对银行而言，均为中小企业，银行议价能力强大。针对这样的产业链，银行就可以积极引导企业使用这种融资方式。

【银行收益】

1. 可以有效地提高银行的信贷资源贡献率。单独对企业提供贷款或开立银行承兑汇票属于最经常使用的用信方式，但是收益都不高。单独提供贷款，只有利息收入；单独提供银行承兑汇票，只有极少的中间业务收入和利息，存款很少。

2. 通过提供封闭置换融资，银行可以非常自然地实现交叉销售，有效地提高银行的综合收益。

【案例】延州集团铸造有限公司授信客户调查报告（商票+贷款）

一、客户概况

延州集团铸造有限公司是延州集团有限公司的骨干企业，是全国唯一一家铁道部定点生产A级、B级、C级钢铁路配件摇枕、侧架、钩尾框等产品的民营企业。注册资金人民币50 000万元。

二、客户总体经营情况

（一）所属行业及行业地位

公司是全国唯一一家铁道部定点生产A级、B级、C级钢铁路配件摇枕、侧架、钩尾框等产品的民营企业，并且是民政、税务部门批准的福利企业，享受增值税、所得税减征等优惠政策。按照国家统计局沿用的《国民经济行业分类与代码》，延州铸造属于交通运输设备制造业中的铁路运输设备制造业，铁路运输设备制造业下属包括五个细分行业：（1）铁路机车车辆及动车组制造；（2）工矿有轨专用车辆制造；（3）铁路机车车辆配件制造；（4）铁路专用设备及器材、配件制造；（5）其他铁路设备制造及设备修理业。延州铸造属于铁路机车车辆配件制造。

铁路机车车辆配件制造是指铁道或有轨机车及其拖拽车辆的专用零配件的制造。行业代码为C3713。具体包括：（1）转向架、车轴、车轮及其零件；（2）铁路机车车辆制动器及零件、车钩和其他连接器、缓冲器及零件、风挡、减震器等零件；（3）货车和机车钢结构、车体、连接通道等。

（二）主营产品及产能、产量

该公司拥有国家第三批重点技术改造“双高一优”项目的“V法生产线”，年生产铸钢件10万吨，项目引进日本专利、德国装备是世界上第三条全自动化铸造生产线，拥有先进的电弧炉——LF精炼炉双重熔炼工艺、V法造型工艺、VRH法制芯工艺、精整打磨清理线、直读光谱检测等先进工艺和设备，达到国际上最先进水平，生产的铸钢件具有高科技含量和高附加值。随着全球经济形势的好转，公司生产的摇枕、侧架已远销美国、俄罗斯市场。公司年产能26万吨，其中摇枕、侧架等主导产品达到15万吨左右，车轮10万吨左右；公司市场占有率约达40%，已成为国内规模最大、市场占有率高、技术研发能力较强的铁路机车配件制造企业。

（三）上下游客户及主要结算方式

该公司的原材料主要是废钢，且供应商大部分位于当地和附近地区，运输方便，费用低，质量稳定，资信良好，与该公司有着长期的合作关系。该公司在采购过程中非常重视原材料的质量和风险控制。使用现汇和承兑结算。

公司与铁道部机车车辆总公司及部属企业保持着良好的合作关系。产品主要销往中国铁路物资总公司、济南机车厂、西安车辆厂、北京二七车辆厂、晋西机器厂等铁道部的所属企业。产品市场占有率在50%左右。使用现汇和承兑结算。

三、授信方案

单位：万元、%

授信方案							
额度类型		公开授信额度		授信方式		可循环授信额度	
授信额度		20 000		期限（月）		12	
授信品种	币种	金额	保证金比例	期限（月）	利/费率	是否循环	串用说明
商业承兑汇票+贷款	人民币	20 000	50	12	0.05	是	串用
授信总敞口（含现有授信） 10 000							
商票签发6个月当日，银行提供与商票敞口金额等额的贷款，定向用于解付商业承兑汇票。							

二十四、委托贷款＋贷款承诺函组合业务

【产品定义】

“委托贷款＋贷款承诺函组合业务”是指银行对选定的已经批准贷款额度的贷款项目，对委托人提供贷款承诺函，承诺在委托贷款到期当日，在委托人无力偿还贷款的情况下，会提供与委托贷款本金及利息等金额的专项贷款，定向用于清偿委托贷款的一种组合融资业务。

【适用客户】

本银行核定了贷款额度的客户。这类客户资金需求较急，同时属于中小型制造企业，或者是中小地产公司，价格承受能力较强。本行已经充分采取了风险控制措施，处于可以随时启用贷款的条件中。

【营销建议】

在本行贷款到期时，银行为企业核定续贷授信额度，为企业办理贷款承诺函，由第三方提供委托贷款归还银行贷款，银行对第三方承诺，将在企业委托贷款到期前，提供贷款归还第三方委托资金的一种组合融资业务。

贷款承诺函是个非常有效的银行产品，对于很多银行非常认可的项目，如果单纯提供担保函受到限制，银行就可以采取提供贷款承诺函的方式，贷款承诺函有时候与担保函差别很小。

【产品优势】

1. 可以为银行节省大量宝贵的信贷资源。贷款承诺函属于银行的中间业务，不占用银行的风险资产，可以给银行节省宝贵的信贷资源。

2. 可以给银行贡献可观的中间业务手续费收入。这类委托贷款金额大，而且借款人价格承担能力极强，银行可以采取高定价方式，例如，委托贷款手续费采取1%的定价策略。

【案例】青海高义集团煤焦有限公司授信客户调查报告（委托贷款+贷款承诺函）

一、客户概况

青海高义洗选有限公司，注册资本2 000万元，变更后的注册资本为人民币5 000万元。2005年，公司变更企业名称为青海高义集团煤焦有限公司。经营范围：洗煤、选矿石、运输；自产自销：焦炭。

（一）所属行业及行业地位

青海高义集团煤焦有限公司属焦化行业，为严格焦化行业的准入，国家发改委于2005年开始公告符合焦化行业准入条件的企业名单。在先后总计三批名单的142家企业中，青海共有6家企业进入。

（二）上下游客户及主要结算方式

单位：万元、%

上游客户			
	前三名供应商（按金额大小排名）	金额	占全部采购比率
1	西宁百维进出口公司	45 703	30
2	矿业集团有限公司	27 832	22
3	太白圆通燃料有限公司	25 366	21
下游客户			
	前三名销售商（按金额大小排名）	金额	占全部销售比率
1	中发炼铁公司	50 844	22. 5
2	凤宝钢铁公司	54 880	20. 8
3	永兴钢铁公司	31 874	13

客户原材料采购渠道比较稳定，与其合作的原材料供应商都有较长时间和稳定的合作关系。下游客户大都为长期合作客户，合作年限已超过5年，客户基础稳定，付款主要以电汇和银行承兑汇票为主（已承兑结算的产品价格含贴现费用）。

二、客户营销思路

（一）授信方案

单位：万元、%

授信方案							
额度类型		公开授信额度		授信方式		综合授信	
授信额度		16 000		期限（月）		12	
授信品种	币种	金额	保证金比例	期限（月）	利/费率	是否循环	串用说明
委托贷款+贷款承诺函	人民币	16 000	50	12	0.05	是	串用
授信总敞口（含现有授信） 13 000							
风险控制：由青海高义集团煤焦有限公司提供价值超过20 000 亿元的房产作为抵押。 委托贷款手续费定价：1%。 委托贷款利率：7%。							

（二）授信项目风险分析及风险控制措施

单纯地从炼焦情况来看，焦炭利润不太理想，该企业炼焦的附属产品包括焦油、硫铵、煤气、电、焦粉等，其附属产品对企业的盈利起到了一定的支撑作用。授信方案担保措施为客户自有房产抵押保证。

【点评】

本授信方案设计完整，充分考虑授信申请人的融资需要，银行自身贷款规模不足，却积累了大量的有理财需求的客户群体，银行作为撮合人，由委托方提供资金，采取委托贷款的方式贷款给借款人。为了保证委托人的安全，银行对委托人提供贷款承诺函。

授信方案同时考虑了存款回报，预计可实现相关效益存款人民币10 000万元，中间业务收入人民币160万元左右。

二十五、股权质押融资业务

对于中小企业而言，提供股权质押融资，可以有效地解决抵押和担保难寻找的问题，盘活企业的股权资源。

【产品定义】

股权质押融资业务是指授信申请人以自身或第三人合法持有的股权作为债权担保，在有权机构办理质押担保登记手续后，通过股权服务平台向银行申请获得授信的融资活动。

股权是指法人和自然人股东在我国境内非上市股份有限公司、有限责任公司等企业中拥有的依法可质押的权益。

授信申请人在银行获得的股权质押融资授信，用于满足企业生产经营过程中的资金需求，不得用于银行信贷资金禁止进入的领域。

【基本规定】

股权质押融资业务准入条件：

1. 授信主体信用评级应为B级（含）以上，生产经营主业突出，具有连续、稳定的经营活动现金流；
2. 信贷投向应符合银行对公信贷管理政策有关规定；
3. 授信主体持续经营时间原则上不少于三年；
4. 管理层及股东相对稳定；
5. 依法进行税务登记，照章纳税；
6. 其他准入条件。

【基本条件】

用于授信所质押的股权条件：

（一）质押股权所在企业，重点支持以下三类：

1. 地方商业银行或其他金融类企业；

2. 正在或者已经引进 VC/PE 等股权投资机构的优质企业以及已进入上市辅导期的拟上市企业；

3. 符合国家产业方向，列入地方政府金融办、科技局、发改委、中小企业局、开发区等部门的重点支持名单，具有较强自主创新能力的高科技、高增长、新经济、新能源、新服务、新材料、新农业、文化产业等企业。

（二）质押股权所在企业应主营业务突出，具有连续稳定的经营活动现金流。

（三）原则上要求质押股权所在非金融企业近两年平均主营业务增长率不低于15%；最近一年净利润不低于1 000万元，净资产收益率不低于10%；资产负债率不高于60%。

（四）原则上要求非金融企业质押股权占该企业股权的比例不超过50%。

（五）权属清晰，合法取得且依法可转让，并能够办理质押登记。

（六）出质人对股权享有充分的处分权。

（七）其他条件。

【风险控制】

不得接受以下企业的股权作为质物：

1. 法律法规规定不得转让或者不得出质的；

2. 公司章程规定不得转让或者不得出质的；

3. 因企业自身经营出现问题进行重组，且重组后转入正常经营尚未超过一年的；

4. 存在权属纠纷的；

5. 已处于质押状态或已纳入司法程序，被司法机关依法裁定、判决冻结的；

6. 未实际缴纳出资的；

7. 有其他瑕疵的。

对授信品种包含流动资金贷款的，严格按照《银行流动资金贷款管理暂行办法》执行，保证股权质押融资资金专款专用。

【业务流程】

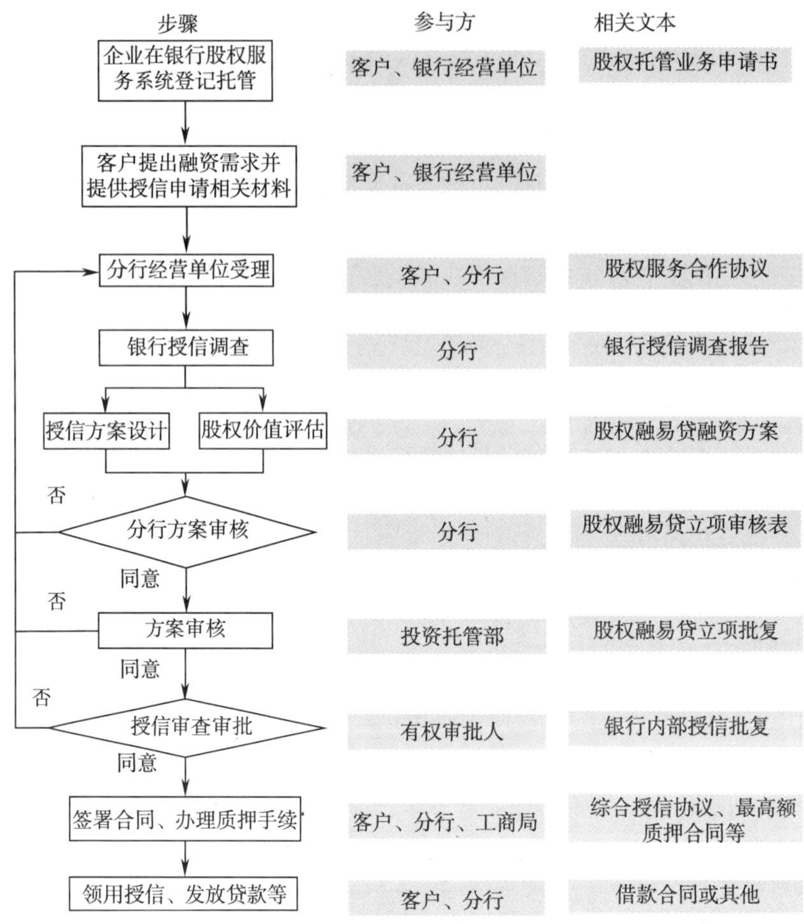

图1　股权融资项目审核审批流程

拟向银行申请股权质押融资授信的客户，应在银行股权服务系统内注册并登记托管。

经营单位应对拟向银行申请股权质押融资的客户进行授信调查，按银行一般授信业务要求收集申请人基础资料，还应同时收集以下材料并上报银行审核：

1. 质押股权所在企业基本情况，包括股权结构、近三个年度审计报告及近期财务报表等；

2. 提供由银行股权服务系统出具的股权证明，有限责任公司需同时提供工商管理局出具的股权证明文件、股权登记信息（包括股权持有人姓名或名称、持有人有效身份证明文件、持有股权名称、持有股权数量、股权限售情况、司法冻结、质押登记、股权持有状态等）；

3. 分析质押股权所在企业的管理水平、财务状况、市场竞争力、发展前景和产权是否明晰等；

4. 质押股权所在企业重要动态，以及媒体刊载的有关负面评论、质疑信息等；

5. 其他应提供的材料。

银行除按照一般授信业务要求对授信申请人进行审核外，还需要重点审核以下内容：

1. 质押股权的权属状况是否清晰，是否可转让、可质押。

2. 股权价值的合理性、稳定性、可变现性等。

3. 质押股权所在企业经营状况。重点考察质押股权所在企业是否主营业务突出、业绩优良并稳定增长，是否具备市场竞争优势和良好的市场前景，以及是否具备产生足够现金流的能力，重点分析企业的偿债能力和成长性。

4. 出质人持股证明材料的真实性和有效性。

重点审核质押股权所在企业的经营状况、成长性以及股权价值评估的合理性等，并于5个工作日内出具审核意见。由于资料不完善导致审核不通过的，要求经营单位尽快补足资料并重新进入立项审核程序。对股权质押融资立项通过后，由经营单位申请股权质押融资授信额度。

银行可要求授信申请人提供其他补充担保方式，包括但不限于知识产权质押、资产抵押、第三方保证以及符合法律规定的其他形式的担保。

【风险控制】

1. 股权估值

银行应当在充分了解质押股权所在企业的基础上，选择恰当的公允价值估值方法。银行在进行股权公允价值评估时应当遵守审慎的原则，不得刻意高估。

银行在对股权公允价值进行估值前，应要求该企业提供近三个年度审计报告及近期财务报表，同时核对报表之间的钩稽关系，通过将企业主要财务指标与可比公司进行比较分析，判断该企业财务报表的合理性和真实性。如主要财务指标出现明显异常时，应要求企业及时给予解释说明。企业拒绝进行解释或相关解释不合理时，银行应终止相关业务合作。

银行在进行股权公允价值评估过程中，对于近两年内有 VC/PE 等投资并购情形的企业，选择近期投资成本法进行股权估值，其他采用净资产法。

（1）近期投资成本法是指采用企业最近一次股权交易价格作为其股权价值评估的基础值，并结合交易背景及企业实际情况，可进行适当调整后得出股权评估价值。

质押股权价值 = 交易金额/交易股权比例 × 质押股权所占企业股权比例

（2）净资产法是指以企业净资产作为企业股权价值评估的基础值，根据企业实际情况可进行适当调整后得出股权评估价值。

质押股权价值 = 企业净资产 × 质押股权所占企业股权比例

采用近期投资成本法对股权进行估值的，银行应让企业提供相应的股权转让合同、第三方企业股权价值评估报告、股权转让交易记录等证明材料，并对材料进行核实。

2. 股权质押率和期限

（1）股权质押率具体标准如表 1 所示。

表 1　股权质押率确定标准

评估方法	质押股权所在企业类型	质押股权所在企业客户评级	最高质押率（%）
近期投资成本法	金融类	BBB 级及以上	60
		BB 级	50
	非金融类	BBB 级及以上	40
		BB 级	30
净资产法	金融类	BBB 级及以上	70
		BB 级	60
	非金融类	BBB 级及以上	50
		BB 级	40

（2）授信期限。股权质押融资授信期限原则上不应超过一年，单笔流动资金贷款原则上不得超过一年。

【质押手续及放款流程】

授信项目如得到审批机构批准，在提交放款审核前须办妥如下质押手续：

1. 根据授信申请人及出质人公司章程等规定取得有关股权质押融资授信决议。接受国有股权质押的，须对照相关规定，确保质押股权允许股东按照内部决策程序出质和转让。

2. 银行对申请人的授信申请审核同意后，应与申请人签订“关于股权质押融资业务的承诺函”。对于申请人尚未与银行签署“综合授信协议”的，经营单位与申请人签订“综合授信协议”、“最高额质押合同”；已经签署了“综合授信协议”的，经营单位与申请人就增加授信额度和质押事宜签订“综合授信补充协议”、“最高额质押合同”。

3. “最高额质押合同”签订后，出质人应按照其内部决策程序尽快办妥质押手续，向经营单位提供相应质押登记凭证，并保证质押期间股权质押手续持续有效。要求授信申请人将“综合授信协议”、“最高额质押合同”以及出质人有权机构同意股权质押的决议等文件向同级国家工商管理部门报送备案登记。完成以上手续后，银行应在股权服务系统中对相关股权作冻结标注。

银行负责抵押登记管理的部门应全程参与股权质押登记。

办妥股权质押登记手续后，经营单位应妥善安排股权质押融资授信的启用工作，并签署相关具体业务合同。

【用信工具】

股权质押融资授信包括但不限于流动资金贷款、开立银行承兑汇票、贸易融资和非融资类保函等业务品种，以满足企业正常生产经营活动中的短期周转需要。

【授信后管理】

1. 根据《中华人民共和国担保法》第六十八条中“质权人有权收取质物所生的孳息”的规定，质物在质押期间所产生的孳息（包括送股、分红、派息等）随质物一起质押；在质押期间发生配股时，出质人应当购买并随质物

一起质押，出质人不购买而出现质物价值缺口的，出质人应当及时补足；授信期间，出质人不得转让质押股权。对行使质押权而取得的股权，按照《中华人民共和国商业银行法》第四十二条的规定，应当自取得之日起二年内予以处分，保全信贷资产。

授信到期前，经出质人同意，授信申请人可以委托银行变卖部分或全部质押股权，所得款项用于提前还款；授信到期前，经银行同意，授信申请人可按照合同约定提前结清授信。

2. 授信申请人应按具体业务合同的规定在约定到期日偿还银行授信。在授信申请人清偿授信后，具体业务合同自行终止。银行应向工商行政管理机关申请办理注销登记，提交下列文件：

（1）出质人和银行共同签署的股权出质注销登记申请书；

（2）出质人和银行共同指定代表或者共同委托代理人的证明文件；

（3）申请注销登记事由的证明文件；

（4）法律法规和相关规章要求提交的其他文件。

完成质押登记注销后，银行应在股权服务系统中取消对该质押股权的冻结标注。

3. 开展股权质押融资业务的银行须指定业务主管部门专人统一负责按季度监测申请人和质押股权所在企业的经营及财务指标变化，并在出现重大事项时，对质押股权进行评估价值检查、跟踪、反馈、分析，加强对借款人和质押股权所在企业的盈利能力和偿债能力的分析与监测。

需启动质押股权评估价值检查的重大事项包括但不限于：

（1）贷款卡信息显示授信申请人或质押股权所在企业有重大资产或负债变化；

（2）授信申请人或质押股权所在企业管理层有重大变更；

（3）授信申请人或质押股权所在企业可能出现重大重组并购等涉及股权变化的事项；

（4）授信申请人或质押股权所在企业有较大影响的关联交易事项；

（5）授信申请人或质押股权所在企业所属行业出现重大政策变化或主要产品、主要原材料等出现大幅价格波动；

（6）其他影响授信申请人以及质押股权所在企业的重要事项。

当质物出现问题可能导致价值不足时，应要求授信申请人采取增加担保

或提前偿还授信等补救措施：

若质押股权重估价值下降，造成实际质押率高于质押率的相关规定时，经营单位须及时联系受信人或出质人通过增加存单质押或保证金，补足因股权价值下降造成的质押价值缺口，或偿还部分授信使质押率降至授信合同、质押合同约定的质押率水平。

发现授信申请人、出质人经营状况和财务状况恶化或出现重大变故、预计授信到期不能按时偿还授信本息的，必须及时采取补救措施，银行有权要求授信申请人提前偿还未到期的贷款。借款人计划提前偿还贷款时，银行应与其对提前偿还的有关条款进行协商，包括还款方式、利率等内容。

【案例】河北华丰煤化电力有限公司封闭授信方案（股权质押）

一、企业基本概况

河北华丰煤化电力有限公司的注册和经营地址为武安市磁山镇二街村北，注册资本 28 000 万元。

二、银行切入点分析

1. 本次授信优势

企业地处武安市，产品销售给本地钢铁生产企业，销售渠道好，运输半径短，运输成本低。作为大型的煤化工企业，借款人管理规范，经营稳定，经营活动现金流量充足，其主要财务指标良好，信誉良好。公司生产规模较大，产能集中，一体化生产经营，实现了产品的综合开发利用，公司具有较强的竞争力和成长性。借款人的焦炭产品品质优良，获评“河北省第七届消费者信得过产品”，在当地市场占有率较高，副产品广泛应用于化工行业，煤气年发电 2 亿多度，年降低成本 0.5 亿元，铁路专线使焦炭每吨成本降低 40 元，有力地提高了公司在价格方面的竞争力，公司具有较强的营运及盈利能力，本次授信风险较低。

2. 本次授信劣势

授信的主要风险在于行业风险，由于焦炭行业仍处于供大于求的情况，受到房地产政策调控等因素的影响，钢铁企业整体表现仍然不是太好。但是华丰煤化作为河北省较大的焦炭生产企业，技术设备优势和产品质量优势明显，与上游煤炭供货商和下游钢铁企业均是长期协议供货关系，很大程度上规避了以上的价格风险，抗风险能力强，已完全消化了前期的高价库存。销售情况良好，伴随着经济形势的转好及钢铁行业的逐步复苏，行业性风险得到充分缓释。

单位：万元、%

供应渠道分析			
	前三名供应商（按金额大小排名）	金额	占全部采购比率
1	武安市中润物流有限公司	9 000	21
2	山东兖州煤矿集团	5 750	16
3	河北金牛能源股份有限公司	5 600	15
焦煤供应稳定。公司拥有自己的铁路专线，这是邯郸市其他独立焦化企业所不具备的优势，较公路运输每吨焦煤成本降低约40元。供货渠道稳定。			
销售渠道分析			
	前三名销售商（按金额大小排名）	金额	占全部销售比率
1	河北新金钢铁有限公司		25
2	河北普阳钢铁有限公司		16
3	唐山国丰钢铁有限公司		16
销售商多为武安当地大型民营钢铁企业，运输方便，销售价格及渠道稳定。国丰钢铁为唐山市的大型钢铁企业，销售渠道稳定，销售回款为现金及银行承兑汇票。			

三、银行授信方案

截至2012年8月，企业在银行存款时点7 680万元，存款日均8 600万元，实现利息收入280万元，中间业务收入62万元，综合收益高。

本次为企业申请综合授信额度30 000万元，其中：流动资金贷款额度10 000万元，银行承兑汇票金额20 000万元，保证金比例50%，敞口10 000万元。此笔授信由河北新金钢铁有限公司提供连带责任担保，授信用途用于企业采购原材料。

授信方案						
额度类型	公开授信额度		授信方式	综合授信额度		
授信额度（万元）	30 000.00		授信期限（月）	12		
授信品种	币种	金额（万元）	保证金比例（%）	期限（月）	用途	收益
银行承兑汇票	人民币	20 000.00	50	12		
流动资金贷款	人民币	10 000.00		12		
授信性质	新增	本次授信敞口（万元）		20 000.00		
担保方式及内容	保证：以河北华丰煤化电力有限公司控股股东李大齐持有的59%股权作为质押。					

【点评】

本案例为银行对民营煤化工企业的授信案例，首先，焦化行业属于资金密集型行业，一旦授信成功，会给银行带来极为可观的存款回报。而且焦化企业与钢铁生产企业之间关系极为密切，可以引入钢铁厂商的担保，不但可以确保焦化企业的销售市场和销售回款现金流，而且可以进一步降低银行的融资风险。

焦化企业一般都可以要求极高比例的保证金，本案例中，要求的保证金比例高达50%，会给银行带来极为可观的存款回报。

考虑到该企业与河北新金钢铁有限公司有这么好的合作关系，可以在供货后提供保理融资，使用保理融资封闭置换前期的流动资金贷款和银行承兑汇票的敞口，实现授信的封闭自偿。

附件1

关于股权质押融资业务的承诺函（授信申请人）

____________________银行：

贵行与我公司于______年____月____日签署了编号为______________的

□《综合授信协议》□《借款合同》□《银行承兑汇票协议》

□____________________

（以下简称授信合同），授信合同中的主债权采取股权质押担保方式，我公司在此确认并同意：

一、信贷资金用途符合国家法律法规规定，不违反国家规定将信贷资金用于股权、期货、金融衍生产品等投资和用于股本权益性投资，信贷资金用途随时接受贵行监督和检查。若信贷资金用途违反相关规定，贵行有权提前宣布授信终止，并要求我公司清偿未还贷款本息和其他应付款项。

二、在股权质押期间

1. 若质押股权在贵行按相关规定重估价值时，我公司应通过增加存单质押、保证金担保，补足因股权价值下跌造成的质押价值缺口，使质押率降至授信合同、质押合同约定的质押率水平。若我公司未能提供相应措施补足质押价值缺口，贵行有权提前宣布授信终止，并要求我公司清偿未还贷款本息和其他应付款项。

2. 质押股权出现价值认定争议时，贵行有权对质押股权进行拍卖或采取其他转让方式，所得的价款用于提前清偿所担保的债权或者提存，余款清退给我公司；如所得的价款不足以清偿所担保的债权，不足部分由我公司继续清偿。

三、在质押授信到期时，若我公司不能偿还贵行授信，贵行有权对质押股权进行拍卖或采取其他转让方式，所得的价款用于清偿所担保的债权，余款清退给出质人；如所得的价款不足以清偿所担保的债权，贵行可采取授信合同中约定的以及法律许可的其他手段继续向我公司追偿，直至我公司偿清授信合同项下所有债务为止。

授信申请人：____________________

法定代表人（委托代理人）：____________________

________年____月____日

附件 2

关于股权质押融资业务的承诺函（出质人）

____________________银行：

贵行与我公司于______年____月____日签署了编号为______________的最高额质押合同，我公司在此确认并同意：

一、质物在质押期间所产生的孳息（包括送股、分红、派息等）随质物一起质押；在质押期间发生配股时，我公司应购买并随质物一起质押，如我公司放弃配股权导致质押率高于授信合同、质押合同约定的质押率的，我公司将在 2 个工作日内补足缺口部分，使质押率降至授信合同、质押合同约定的质押率水平。

股权质押期间，我公司不提出转让质押股权的要求。

二、在股权质押期间

1. 若质押股权在贵行按相关规定重估价值时，我公司应通过增加存单质押、保证金担保，补足因股权价值下跌造成的质押价值缺口，使质押率降至授信合同、质押合同约定的质押率水平。若我公司未能提供相应措施补足质押价值缺口，贵行有权提前宣布授信终止。

2. 质押股权出现价值认定争议时，贵行有权对质押股权进行拍卖或采取其他转让方式，所得的价款用于提前清偿所担保的债权或者提存，余款清退给我公司；如所得的价款不足以清偿所担保的债权，不足部分由我公司继续清偿。

三、在质押授信到期时，若受信人不能偿还贵行授信，贵行有权对质押股权进行拍卖或采取其他转让方式，所得的价款用于清偿所担保的债权，余款清退给我公司。

出质人：____________________

法定代表人（委托代理人）：____________________

________年____月____日

附件 3

质物处置通知书

____________________（借款人名称）：

____________________（出质人名称）：

银行于________年____月____日根据编号为____________________的“授信协议”（包括“授信协议补充协议”）和编号为____________________的“最高额质押合同”，向借款人发放了________（币种）____________（金额）____________（授信品种）。

借款人自________年____月____日起未按“授信协议”及其项下所有合同约定按时归还银行贷款，至今已有____天，贷款本息共计____________元。请借款人在接到本通知之日起 5 日内向银行清偿“授信协议”及其合同项下全部贷款本息（金额以银行出具会计凭证记载为准）。否则银行将采取包括质

物处置及法律诉讼在内的各种形式维护银行债权。

特此通知。

____________________银行
________年____月____日

____________________（骑缝处加盖公章）____________________

回　　执

____________________银行：

我公司已收到贵行编号为____________________的“质物处置通知书”。

____________________（借款人/出质人）（盖章）
签字人：____________
________年____月____日

附件 4

股权质押登记材料

申请股权出质设立登记，需按当地工商管理局要求备齐材料，具体材料要求应与工商管理局确认。以下材料仅供参考：

1. 申请人签字或者盖章的“股权出质设立登记申请书”；

2. 记载有出质人姓名（名称）及其出资额的有限责任公司股东名册复印件或者出质人持有的股份公司股票复印件（均须加盖公司印章）；

3. 质权合同；

4. 出质人、质权人的主体资格证明或者自然人身份证明复印件（出质人、质权人属于自然人的由本人签名，属于法人的加盖法人印章，下同）；

5. 国家工商行政管理总局要求提交的其他材料。

指定代表或者共同委托代理人办理的，还应当提交申请人指定代表或者共同委托代理人的证明。

附件5

解除质押登记所需材料

出质人向工商行政管理机关申请办理注销登记，并提交下列文件：

1. 出质人和银行共同签署的股权出质注销登记申请书；
2. 出质人和银行共同指定代表或者共同委托代理人的证明文件；
3. 申请注销登记事由的证明文件；
4. 法律法规和相关规章要求提交的其他文件。

【适用客户】

缺少担保和抵押品，而公司发展潜力极好，公司股权价值较高的中小企业。

【银行收益】

可以为银行大范围拓展一些有非常发展潜力的中小企业。

二十六、跨境人民币汇出汇款业务/开立跨境人民币进口信用证

人民币跨境流通为中国的商业银行提供了千载难逢的业务拓展机会，银行可以重点拓展汇款业务和进口信用证等。

【产品定义】

跨境人民币汇出汇款业务是指银行对有着跨境人民币汇出汇款业务/开立跨境人民币进口信用证需求的客户提供的人民币结算和融资业务的一种服务。

【产品优势】

为满足企业对人民币业务的实际需求，进一步发挥人民币结算对贸易和投资便利化的促进作用，银行按照国家颁布的《跨境贸易人民币结算试点管理办法》相关要求，支持本地审定通过的试点企业开展人民币进口货物贸易、跨境服务贸易和其他经常项目结算，支持了试点企业的业务发展，也为银行贸易融资业务的发展开拓思路，打下良好的基础。

【适用客户】

有着进口贸易融资需要的客户。希望在银行开立进口信用证，办理进口汇款的进口型客户。

【银行收益】

可以给银行贡献非常可观的保证金存款和结算存款。

【案例】

一、企业基本概况

江苏德华新能源进出口有限公司注册资金5 180万元（其中：江苏德华集团有限公司持股3 100万元，占比59.84556%；江苏德华电器股份有限公司持股1 180万元，占比22.77992%；

公司大量进口原油，年度进口货值高达60亿元。

二、银行授信方案

银行为该贸易融资客户开展跨境人民币结算业务，其中办理汇出汇款人民币业务3笔，金额为人民币1 828.494万元，折算美元282.7243万元；文盛矿业开立远期90天跨境人民币进口信用证1 210万元，保证金比例30%；三联矿业3笔业务收取手续费人民币3 000元，拉动存款500万元；文盛矿业开立信用证保证金30%，直接拉动保证金存款363万元，带动结算存款500万元，中间业务收入33 469.92元。

【点评】

跨境人民币业务非常有优势，对国内商业银行有着极高的价值。中国大陆境内执行的是监管的融资利率，贷款利率只能下浮10%，融资成本基本在5.5%左右，而6个月存款利率基本在3%左右。而在香港市场，HIBOR约为0.8%，非常低；在国际融资市场，LIBOR在1%左右。即使在香港市场融资，基本成本在1.5%左右，如果调回国内存入商业银行，利率可以达到3%，如果可以用于办理银行承兑汇票贴现，利率可以达到4%左右，而且基本没有任何的风险，属于无风险套利。

二十七、境内和境外两个市场套利业务

人民币汇率没有完全放开，资金不能在境内与境外两个市场之间自由流动，因此造成了两个市场之间的差价。

【产品定义】

境内和境外两个市场套利业务是指银行通过利用境内和境外两个市场的利率差，为进口企业提供融资+套利的一种组合融资业务。

图1　境内和境外两个市场套利业务

【典型业务模式】

人民币存单质押美元融资进口支付方案（与DF挂钩）。

【客户申办操作流程】

1. 客户向银行申请全额人民币质押美元押汇；
2. 客户与银行签订远期购汇协议，锁定远期汇率；
3. 银行为客户办理押汇融资；
4. 到期日客户以事先签订的远期汇率购汇归还美元贷款。

【案例】

以2010年4月26日汇率、利率水平，对外付汇100万美元为例：

美元兑人民币即期汇率：1:6.841355；

1年期远期汇率：1:6.702；

1年期美元押汇利率：3.86%。

客户将用来购汇所需人民币资金在银行办理1年期定存，用该存单作质押办理1年期美元押汇来对外付汇，同时办理1年期远期收汇交易，约定远期汇率1年后交割购汇偿还美元押汇。

客户成本：押汇利率为3.86%。

客户收益：等额人民币质押1年期存款利率为2.25%。

人民币远期升水幅度：2.04%。

一年后远期购汇后付汇：

人民币升水+定期存款收益率-进口押汇利息支出=收益空间

客户实现零风险套利：

1 000 000×（2.25%+2.04%-3.86%）=4 300（万元）

【点评】

人民币汇率升值的压力越来越大，对于进口商来说，推延购、付汇时间不仅意味着进口成本下降，更孕育了套利的商机。

二十八、开立国内信用证及议付业务

银行低资本占用业务，可以快速降低商业银行的风险资产消耗，形成对上下游产业链的封闭营销。

【产品定义】

开立国内信用证及议付业务是指银行通过为企业开立国内信用证及开展议付融资业务的方式，为企业办理融资的一种授信业务。

【适用客户】

具有真实贸易背景的客户。只要是本行核定有贷款额度和银行承兑汇票额度的客户，银行都可以引导企业使用国内信用证业务。

其实，国内信用证和银行承兑汇票一样，都只是用信的方式，与风险无关。

【银行收益】

1. 给银行带来较大的综合收益，丰富了银行的授信品种，使银行授信品种由传统的银承、流动资金贷款向贸易融资授信品种转变。

2. 可以给银行贡献非常可观的存款，国内信用证有非常可观的保证金存款，通常保证金比例都在30%以上。

3. 可以有效降低银行的风险资产消耗，仅是同等金额贷款和敞口银行承兑汇票的1/5。

【案例】高卓铜管集团股份有限公司授信（应收账款+综合授信）

一、客户概况

高卓铜管集团股份有限公司，注册资本为18 000万元。

（一）所属行业及行业地位

所属行业为有色金属压延加工，是精密铜加工行业中的龙头企业，是国内最大的精密铜加工企业。2008 年，在全国 500 强企业中位列第 320 位，在制造业 500 强企业中位列第 177 位，2011 年在中国企业 500 强中位列 323 位。

（二）主营产品及产能、产量

主导产品为空调与制冷行业用高精度铜盘管、高效传热内螺纹铜盘管、无氟制冷剂用高清洁度铜盘管系列产品，现有生产能力为 42.2 万吨，产量 37.37 吨。

（三）上下游客户及主要结算方式

上游客户：甘肃金川集团有限公司、云南铜业股份有限公司、金隆铜业有限公司等，主要结算方式为现款、信用证等。

下游客户：格力电器、美的电器、青岛海尔电器等，主要结算方式为现款、银行承兑汇票等。

二、客户营销思路

（一）授信方案

单位：万元、%

<table>
<tr><td colspan="2">额度类型</td><td colspan="2">公开授信额度</td><td colspan="2">授信方式</td><td colspan="2">综合授信额度</td></tr>
<tr><td colspan="2">授信额度</td><td colspan="2">800 000</td><td colspan="2">期限（月）</td><td colspan="2">12</td></tr>
<tr><td>授信品种</td><td>币种</td><td>金额</td><td>保证金比例</td><td>期限(月)</td><td>利/费率</td><td>是否循环</td><td>串用说明</td></tr>
<tr><td>(1) 流动资金贷款</td><td>人民币</td><td>10 000</td><td></td><td>12</td><td>按银行规定利率</td><td>是</td><td>可串用</td></tr>
<tr><td>(2) 银行承兑汇票</td><td>人民币</td><td>40 000</td><td>30</td><td>6</td><td>按银行规定利率</td><td>是</td><td>可串用</td></tr>
<tr><td>(3) 国内信用证开证授信</td><td>人民币</td><td>30 000</td><td>20</td><td>6</td><td>按银行规定利率</td><td>是</td><td>可串用</td></tr>
<tr><td colspan="7">授信总敞口</td><td rowspan="2">620 000</td></tr>
<tr><td colspan="7">1. 要求该公司将格力电器、美的电器、青岛海尔电器等公司应收账款质押给银行，同时，在银行开立对公网银集团账户。与该公司签订应收账款池质押协议，银行的应收账款池余额在任意时点不得低于 8 亿元。
2. 针对甘肃金川集团有限公司、云南铜业股份有限公司付款，使用银行承兑汇票；针对金隆铜业有限公司付款，使用国内信用证，由申请人代理收益人办理议付。</td></tr>
</table>

（二）授信项目风险分析及风险控制措施

该企业是铜加工企业，受上游铜价波动影响较大，其成本、利润均直接受铜价影响，加工后又主要卖给格力、美的、海尔三大电器集团公司，下游企业规模均超过该企业，因此其对下游议价能力较小，存在一定的风险，另其资产负债率偏高，长期偿债能力不强，也存在一定的风险，但风险较小可控。

（三）相关效益分析

该企业在银行存款余额为8 091万元，日均存款为4 162万元，贷款余额1亿元，日均贷款为7 814万元，累计开立国内信用证4亿元，累计开立国际信用证6 512万美元，实现国际结算量10 337万美元，2012年1至11月实现中间业务收入191.95万元。

【点评】

本授信方案设计巧妙，银行提供银行承兑汇票和国内信用证，可以有效控制信贷资源的用途，同时由于有保证金存款，银行收益可观。

同时，考虑其下游客户实力更加强大，而申请人在各家银行融资总量已经较大，为了控制风险，加入锁定应收账款的风险控制安排。

二十九、福费廷

国内信用证项下福费廷业务，可以为银行节省宝贵的信贷风险资产资源，为银行创造可观的中间业务收入。

【产品定义】

福费廷是指在远期国内信用证项下，卖出银行在作为议付行的情况下，选择其他银行作为包买行，买断国内信用证项下的债权的一种贸易项下同业融资业务。

【两种模式】

模式一：卖方银行先议付，然后转卖同业银行办理福费廷（见图1）。

说明：很类似各家银行热衷的银行承兑汇票转贴现操作，直贴银行先从企业那里买入银行承兑汇票（直贴），然后转卖给其他银行（转贴现）。

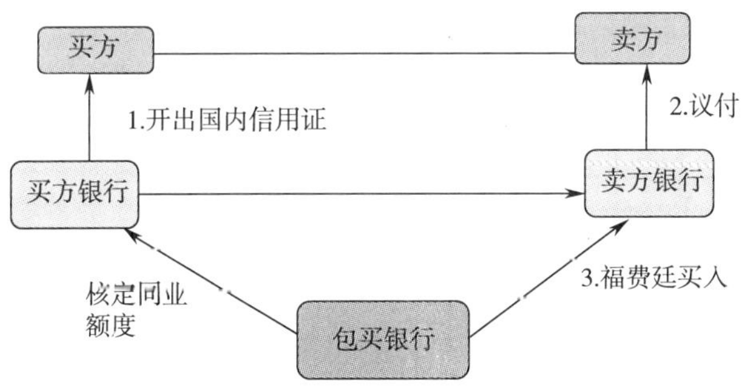

图1　福费廷模式（一）

模式二：卖方银行办理福费廷，后办理先议付（当日完成）（见图2）。

说明：很类似各家银行热衷的国内证代付业务，议付银行首先联系好代付银行，首先从代付银行那里拿到资金，然后扣点后划付给卖方。

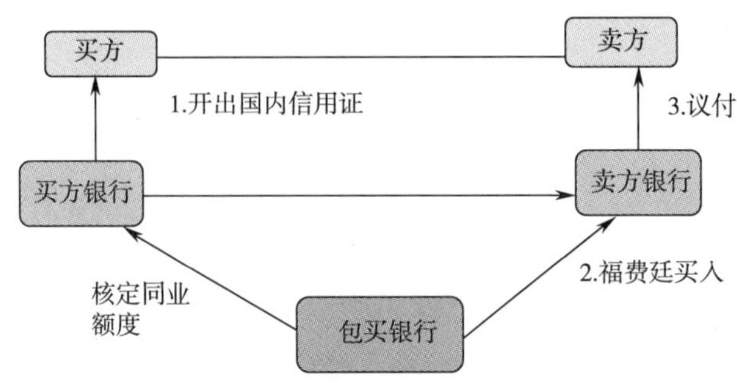

图2　福费廷模式（二）

还很类似银行承兑汇票直转贴联动业务，直贴银行先从转贴银行取得转贴价格，然后对持票企业进行直贴报价，当日，从转贴现银行取得资金，划付给持票企业，再从持票企业取得票据，背书后当日转卖给转贴现银行。

【基本规定】

国内信用证的福费廷买入银行必须对开证行核定同业授信额度，而非对议付银行核定同业授信额度。

国内信用证的福费廷买入银行必须落实，国内信用证已经取得开证行的承兑电文，确保符合国内信用证的付款条件。

国内通常都是：国内信用证的开证银行和议付银行都是一家银行，所以，福费廷买入银行非常简单，占用开证行（同时也是议付银行）授信额度即可。

【产品分类】

代理福费廷业务是指卖出行作为可议付延期付款国内信用证项下指定议付行，在收到开证行真实有效的到期付款确认通知后，卖出行根据受益人，不可撤销的委托，以卖出行名义代理受益人，将受益人持有的可议付延期付款国内信用证项下未到期的债权（以下简称未到期债权）无追索权地转让给买入行。

转卖福费廷业务是指卖出行作为可议付延期付款国内信用证项下指定议付行，在收到开证行真实有效的到期付款确认通知后，卖出行将其无追索权

地从信用证受益人处买入的、由卖出行享有的未到期债权无追索权地转让给买入行。

无论叙做代理福费廷业务还是转卖福费廷业务，买入行应按照转让行指示的付款路径，向卖出行支付对价；开证行于信用证到期日将信用证款项付至买入行指定账户，如到期开证行将信用证款项付至卖出行的，则卖出行应将开证行支付的信用证款项于收款当日或下一个工作日汇划至买入行指定账户。

【业务金额、额度和期限】

同业间福费廷业务全额占用总行为国内信用证项下开证行核定的金融机构授信额度。

业务期限，指买入行将本协议项下款项支付至卖出行指定账户之日起至开证行将信用证项下款项支付到买入行指定账户之日止。如业务到期日为法定节假日或非银行工作日，则到期日自动顺延至下一个工作日，顺延期间仍按双方的业务价格计付利息。

卖出行与买入行叙做的同业间福费廷业务的价格，由甲乙双方每次叙做业务时确定。

同业间福费廷业务的利息按照转卖日距离信用证开证行承兑付款日的实际金额、实际天数、利率、费率计算，采取先收取利息的形式。同业间福费廷业务期限的实际天数自买入行将款项支付至卖出行指定账户之日起至开证行将信用证项下款项支付到买入行指定账户之日止，按日历天数连续计算。如业务到期日为法定节假日或非银行工作日，则到期日自动顺延至下一个工作日，顺延期间仍按双方的业务价格计付利息。

利息计算公式：

利息＝业务金额×（利率/360）×业务期限的天数

【业务操作程序】

1. 卖出行申请办理同业间福费廷业务时，应通过买入行指定传真机（传真号码）向买入行提交“同业间福费廷业务申请书”并附开证行承兑函，其中承兑函需要加盖卖出行业务部门公章作为见证章，并写上“证实与原件核对一致”字样。“同业间福费廷业务申请书”应加盖卖出行业务印鉴，列明相关业务编号、信用证编号、开证行、议付行、申请人、受益人全称，以及信用证金额、信用证类型和期限等相关背景信息，并同时列明划款起息日、承兑到期日、利率和风险承担费率等交易信息，并注明卖出行将通知开证行信用证债权转让等信息，同时要求开证行在信用证承兑到期日将信用证项下款项无条件划至买入行指定账户。

甲乙双方同意该申请书的内容以买入行保存的卖出行发来的传真件所载内容为准。卖出行应至少在起息日前一个工作日下午15:00前向买入行发送“同业间福费廷业务申请书”。

2. 买入行在收到卖出行提交的“同业间福费廷业务申请书”以及开证行承兑函后，最迟于业务起息日上午10:00前决定是否接受卖出行的业务申请，并在“同业间福费廷业务申请书”回执上标明是否接受业务申请，接受申请的应标明业务价格并加盖买入行业务印鉴，通过卖出行指定传真机将“同业间福费廷业务申请书”回执传真至卖出行。

卖出行若对买入行回执内容有异议，须在当天与买入行进行沟通解决。甲乙双方同意该申请书回执的内容以卖出行保存的买入行发来的传真件所载内容为准。

3. “同业间福费廷业务申请书”仅作为双方报价的依据，具体权利和义务关系的确认自买入行收到卖出行发送的“同业间福费廷业务债权转让书及付款指示函”及信用证开证行发送的“债权转让通知书”回执起确立。

4. 卖出行在收到“同业间福费廷业务申请书”的确认回执传真件后，向信用证开证行发送“债权转让通知书”，并最迟在付款起息日中午11:00之前通过买入行指定传真机向买入行发送“同业间福费廷业务债权转让书及付款指示函”。卖出行最迟应于买入行将业务金额扣除利息后的款项支付至卖出行指定账户后的下一个工作日将“债权转让通知书”与“同业间福费廷业务债权转让书及付款指示函”的原件以快递形式寄给买入行，以便买入行归档留存。

5. 买入行收到卖出行发出的“同业间福费廷业务债权转让书及付款指示函”及信用证开证行发送的“债权转让通知书”回执后，将业务金额扣除利息后的款项支付至卖出行指定账户。

6. 卖出行在收到“同业间福费廷业务申请书”确认回执传真件后，最迟在付款起息日当日11:00之前通过买入行指定传真机向买入行发送“同业间

福费廷业务债权转让书及付款指示函”，买入行收到后将扣除利息后的款项划转至卖出行指定账户。卖出行最迟应于买入行将业务金额扣除利息后的款项支付至卖出行指定账户后的下一个工作日，将“同业间福费廷业务债权转让书及付款指示函”的原件以快递形式寄给买入行，以便买入行归档留存。

7. 买入行将款项划转至卖出行指定账户后，在划款当日下午17:00前通过卖出行指定传真向卖出行发送“已划款确认通知书”，卖出行确认收款后在买入行发送的“已划款确认通知书”回执栏签字盖章，最迟下一个工作日中午12:00前回传至买入行指定传真机。

8. 自买入行划款之日起，信用证项下相关债权的一切权益由卖出行转移至买入行。

【业务金额的偿还】

1. 信用证开证行应于信用证承兑付款日当天根据卖出行对其发出的《债权转让通知书》指示的付款路线。主动将承兑的信用证金额偿还买入行，否则买入行将按照____%的标准向开证行按照逾期天数计收逾期罚息。

若开证行并未按前述规定向买入行付款而将款项付至卖出行的，卖出行应通知买入行并于收到款项当日或下一个工作日内将开证行支付的信用证金额转至买入行指定账户。如卖出行未在协议规定时间内将款项划至买入行指定账户，则买入行将按照____%的标准向卖出行按照逾期天数计收逾期罚息。

2. 若信用证开证行与议付行均为卖出行，则卖出行应于信用证承兑付款日当天根据买入行在“已划款确认通知书”中指定的付款路径，主动将承兑的信用证金额偿还买入行。

3. 自买入行无追索权地向卖出行付款买入可议付延期付款国内信用证项下相关债权起，买入行即放弃对卖出行的追索权，但出现以下所列任一情形时，买入行拥有对卖出行的追索权：

（1）因法院发出止付令、禁付令、冻结令或其他具有相同或类似功能的司法命令而使买入行未能在信用证到期日获得全部或部分相关债权项下的款项；

（2）开证行以单据伪造或供应商欺诈为由拒付的情形，卖出行出售给买入行的不是源于正当交易的合法有效债权。

发生上述情形时，如是卖出行代理受益人转让相关债权的，卖出行有义务向买入行披露受益人委托人身份，买入行有权选择向受益人或卖出行追索，买入行选择向卖出行追索的，卖出行需按照买入行指示的付款路线，将开证行确认的信用证金额偿还买入行；如系卖出行将其持有的可议付延期付款国内信用证项下债权转让给买入行的，卖出行需按照买入行指示的付款路线，将开证行确认的信用证金额偿还买入行。如买入行选择向卖出行追索的，若卖出行未能按时向买入行付款，则买入行将按照____%的标准向卖出行按照逾期天数计收逾期罚息。

【适用客户】

对于信贷规模有效的中小商业银行，银行可以采取这种融资方式，通过开证、福费廷的捆绑操作，有效降低银行的风险资产消耗。

【银行收益】

同业福费廷最大的优势在于可以帮助委托行大量削减国内信用证议付被占用的信贷规模，为银行节省宝贵的信贷资源。

【案例】

南昌银行是在原南昌市40家城市信用社的基础上，由南昌市地方财政发起设立，1997年12月经中国人民银行批准成立的城市商业银行。2008年8月6日经中国银监会批准，更名为南昌银行股份有限公司，注册资本23.82亿元，南昌市财政局为第一大股东。南昌银行总部坐落在南昌市繁华的中山路上，现有异地分行6家，一级支行17家，营业网点共73个，员工1 500余人，具有大专以上学历人员占比68%。截至2008年年底，全行总资产356.16亿元，人民币各项存款余额301亿元，人民币各项贷款余额174.60亿元，实现利润6.3亿元。

该银行办理国内信用证议付高达20亿元，银行通过联系某外资银行办理福费廷业务，将现有的国内信用证议付资产转让给外资银行，有效地削减了自身的信贷资产占用。

三十、银行理财产品对接信贷项目业务

银行通过发行理财产品对接本行的信贷项目，可以有效地弥补本行信贷资产的不足，同时为银行贡献可观的中间业务收入。

【产品定义】

银行理财产品对接信贷项目业务是指银行以理财产品为载体，获得投资者的集合委托，将代客理财资金通过指定中介合作机构为需要融资的借款人提供资金支持的直接融资方式。

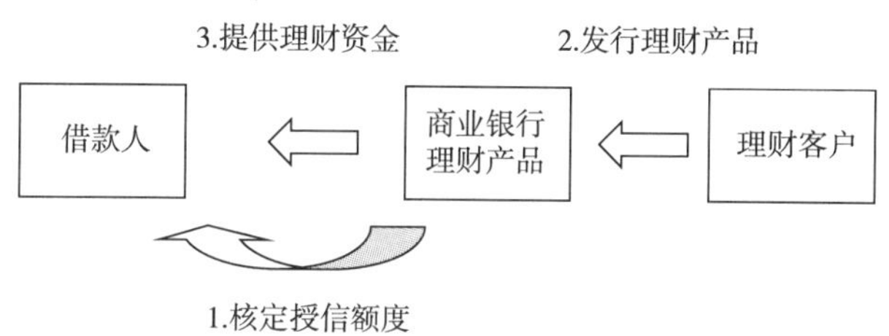

图 1　银行理财产品对接信贷项目业务

【基本规定】

中介合作机构包括信托公司、证券公司、金融资产管理公司等非银行金融机构、银行业金融机构和具备委托贷款资格或投资管理资格的企业法人、有限合伙企业。根据中介合作机构性质的不同，直接融资方式分为以下五类：

1. 投资于信托公司设立的信托计划，委托信托公司对融资机构提供资金支持；

2. 投资于信托公司设立的信托计划，委托信托公司以其名义成为有限合伙企业的有限合伙人，并按约定履行出资义务，最终由有限合伙企业对向银行申请专项融资的融资机构提供资金支持；

3. 投资于金融资产管理公司或证券公司设立的资产管理计划，委托其对向银行申请专项融资的融资机构提供资金支持；

4. 投资于通过受让方式从信托受益人（企业法人或有限合伙企业）处获得用于向银行申请专项融资的融资机构提供资金支持的已成立信托计划的信托受益权；

5. 投资于通过金融资产交易所类交易平台挂牌的债权类标的资产。

【风险控制】

理财信用风险限额是指由分支行通过对公贷款一般授信流程中的理财信用风险限额为融资机构申请，由信贷审批条线按照对公贷款审查、审批原则和操作流程审批通过的融资机构专项融资项目的融资额度上限。

银行为借款人通过理财方式筹集资金，为了控制风险，必须首先给借款人核定授信额度，做好相应的抵押和担保措施，方可以实施发行理财产品。

【产品分类】

专项融资分为贷款类专项融资和非贷款类专项融资。

贷款类专项融资包括流动资金贷款和项目融资贷款，根据融资机构还款来源的不同，主要分为以下两类：

一是融资机构的融资申请已获得国家政策性银行、国有商业银行和股份制商业银行的批准而尚未发放，还款来源为上述银行发放贷款的放款资金。

二是融资机构为银行认可的高信用资质机构，还款来源为该机构的合法经营收入或其他收入。

非贷款类融资是指在国家法律、法规许可范围内除贷款类融资以外的其他融资方式。主要包括资本金融资、应收款项融资、交易所挂牌债权融资、私募债券和其他融资。

1. 资本金融资

资本金融资是指融资企业自身筹集资本金或融资企业为其下属公司进行资本金出资，融资期限届满后由融资机构上级国有资产管理机构、融资机构本身或第三方按照事先约定的融资利率偿还融资的融资方式。

根据实际还款人和还款来源的不同，可分为以下两类：

（1）资本金融资已获得国家政策性银行、国有商业银行或股份制商业银行软贷款或并购贷款批准而尚未发放，实际还款人为上述贷款借款人，还款资金来源为软贷款或并购贷款放款资金。

（2）资本金融资的实际还款人为银行认可的高信用资质机构，还款来源为该机构的合法经营收入或其他收入。

2. 应收款项融资

应收款项融资是指应收款项转让人与信托公司签署资产转让协议，将转让人合法持有应收款项资产转让给信托公司，由信托公司支付约定转让价款，同时，由融资机构向信托公司提供书面承诺，承诺履行对信托账户约定到账现金不足时的现金差额补足义务。

资产转让协议履行期间，应收款项由转让人代为履行收款义务，并在协议约定支付日将应收账款回笼资金集中支付到指定信托账户，当约定支付日信托账户到账现金不足协议约定还款金额时，融资机构在协议约定的期限内履行对信托账户的现金差额补足义务，以保障信托公司受让应收款项按照事先约定获取投资收益的融资方式。其中：

应收款项转让人是指融资机构。

应收款项是指租赁资产租赁款、企业应收账款和因票据和有价证券而产生的付款请求权，以及高速公路收费、电网、电信远期现金流等单一应收款项或多笔应收款项组合，以及上述应收款项的收益权。

应收款项须符合业务背景真实，基础合同及业务单据齐全，应收款项合同存续期与信托计划存续期基本匹配。应收账款不得存在任何瑕疵、纠纷或争议。

应收款项转让过程保证真实合法，并将应收款项转让过程在应收款项转让人会计记账中如实反映。

应收款项转让人为非本办法规定的融资机构的，参照本办法执行，且须由总行认可的高信用资质机构提供履行现金差额补足义务的承诺。

其他融资为国家法律、法规许可范围内并经银行认可的其他融资模式。

3. 交易所挂牌债权融资

委托债权融资是指银行以理财计划代理人的名义投资在金融资产交易所挂牌的委托债权；银行或合格的第三方机构基于同申请专项融资的融资人签

订的融资顾问协议，作为受托人将委托债权在金融资产交易所挂牌出让。

金融资产交易所根据受托人发起挂牌申请时选择的交易方式组织三方签约。资金划转在理财计划代理人、受托人及融资人之间直接完成。

4. 私募债券

以融资机构为发行主体且银行为非主承销商的非公开定向发行债务融资工具。

专项融资的期限原则上不得超过3年，且融资规模适度，在客户债务承受范围内审慎确定，并有利于防范银行已有的授信风险。

【合作机构条件】

具体选择标准包括但不限于：

1. 信托公司

（1）银行同业机构对信托公司的综合评定得分不得低于60分；

（2）注册资金、信托资产规模、信托业绩等指标居同行业前列；

（3）有良好的信誉度、知名度和市场口碑，具有自身领域的业务专长；

（4）历史表现良好，无违规情况发生。

2. 金融资产管理公司

金融资产管理公司是指经国务院决定设立的国有独资非银行金融机构。具体包括但不限于：中国华融资产管理公司、中国信达资产管理股份有限公司、中国东方资产管理公司、中国长城资产管理公司。

3. 银行业金融机构

属于政策性银行、全国性商业银行和城市商业银行，或属于提供信贷资产转让服务的金融资产交易所注册会员。

4. 具备委托贷款资格或投资管理资格的企业法人

（1）公司注册资本在2亿元人民币以上（含），且连续3年盈利（成立未满3年的企业自成立以来连续盈利）；

（2）公司有完善的法人治理结构和清晰的企业发展战略；

（3）公司提供股东大会或董事会相关委托贷款转让决议和授权书。

5. 有限合伙企业

（1）有限合伙企业的设立和经营必须遵守《中华人民共和国合伙企业

法》及相关法律、行政法规的有关规定。

（2）有限合伙企业的普通合伙人须为非合伙企业的法人机构，注册资本不低于1 000万元。

（3）有限合伙企业的普通合伙人具备以下条件之一。①合作信托公司为控股股东或实际控制人；②国有企业、连续3年盈利的上市公司为控股股东或实际控制人；③融资机构为控股股东或实际控制人。

控股股东，是指其出资额占有限责任公司资本总额50%以上或者其持有的股份占股份有限公司股本总额50%以上的股东；出资额或者持有股份的比例虽然不足50%，但依其出资额或者持有的股份所享有的表决权已足以对股东会、股东大会的决议产生重大影响的股东。

实际控制人，是指虽不是公司的股东，但通过投资关系、协议或者其他安排，能够实际支配公司行为的人。

（4）有限合伙企业合伙协议须充分保护有限合伙人的合法权益，合伙协议中对合伙经营范围应与专项融资保持一致。

（5）信托公司联合银行通过事先与有限合伙企业签署协议，能够实现对有限合伙企业的资金账户、对外投资、企业合法合规经营等事项进行日常监控。

【适用客户】

本行核定了贷款额度，但是暂时没有核定信贷规模，且这类客户非常需要信贷资金，愿意配合银行办理理财业务的客户。

【银行收益】

作为银行的高端理财产品，可以为银行营销高端理财客户提供工具。

【案例】郑州豫兴城建集团投资有限公司调查报告授信

一、客户概况（注册资金、股本结构及主要股东背景等）

郑州豫兴城建集团投资有限公司是经郑州市人民政府批准设立的国有独资公司，为郑州市基础设施建设的主要投融资主体之一，代表政府履行城市

基础设施建设与管理的职能。该公司注册资本为10亿元，实收资本为10亿元，其股东郑州市国资委持股100%。

二、客户总体经营情况

（一）所属行业及行业地位

作为郑州市政府主要融资平台的单位有：郑州市预算外资金管理局、郑州市轨道交通有限公司、郑州市建设投资管理公司、郑州市交通建设投资管理有限公司、郑州市土地储备中心、郑州豫兴城建集团投资有限公司。为在城市基础设施建设中充分发挥郑州豫兴城建集团作为市政府城市建设、投融资平台的作用，郑州市政府以城建集团作为城市基础设施项目的业主，市政府提供资本金，项目建设资金由城建集团向商业银行借贷。

（二）主营产品及产能、产量

经营范围：对市政基础设施及公用设施的投资；市政工程总承包；市政道路桥梁养护；建筑材料批发零售；土地整理。

（三）上下游客户及主要结算方式

郑州豫兴城建集团现有郑州鑫磊城建基础有限公司、郑州城投贸易有限公司、郑州城投企业管理咨询有限公司3家全资子公司，同时吸收河南省第一建筑工程集团有限责任公司、河南省第五建筑安装工程集团公司、郑州市第一建筑工程有限责任公司、新浦建设集团有限公司、河南泰宏房屋营造有限公司5家特级企业为成员企业。郑州豫兴城建集团通过下属的子公司、控股公司、参股公司、成员单位以及以项目外包等方式进行项目工程的建设，实现建设目标，获得工程项目收益。

三、授信方案

（一）授信方案设计

单位：万元、月

额度类型		贷款		授信方式		保证或抵押	
授信额度		100 000		期限		12	
授信品种	币种	金额	保证金比例	期限	利/费率	是否循环	串用说明
银行理财产品	人民币	100 000		12	浮动	否	
授信总敞口（含现有授信）							

拟新增或追加授信用途：用于城市道路建设。

担保方式：保证或抵押。

（二）授信项目风险分析及风险控制措施

1. 银行将督促项目自筹资金及时、足额到位。

2. 郑州市政府高度重视项目的建设，承诺由市财政注入自筹资金。郑州市政府授权郑州豫兴城建集团投资有限公司筹措资金，郑州豫兴城建集团投资有限公司作为郑州市国有资产监督管理委员会授权经营的国有控股公司，具有良好的信用，筹融资能力较强。此项目已是省重点建设项目，为郑州市政府向市民承诺的十件好事之一，项目完工风险较小。

3. 郑州市人大已批准《郑州市人民政府关于提请批准城市基础设施建设和扩内需保增长等项目贷款还款承诺的议案》，该资金已由市政府承诺财政安排资金予以偿还，并将财政偿债资金纳入同年度财政预算。郑州市财政设立政府偿债基金专户，该账户根据政府负债情况储备，如政府收入增加，会适当增加该科目的预算。且政府正在倡导全社会树立诚信形象，其自身因拖欠银行贷款而发生信用风险的可能性较小。

三十一、特定信用增级型贷款承诺函

特定信用增级型贷款承诺函属于非常有效的一款产品，可以有效促进本行的投资业务，同时符合监管部门的规定。

【产品定义】

特定信用增级型贷款承诺函是指本银行承诺，在某借款主体发行的信托计划、短期融资券、中期票据等专项融资到期时，银行将为该借款主体发放额度大于或等于本次专项融资额度且提款日为本次专项融资项目到期日或到期日前5个工作日内的新贷款承接，用以增强该借款主体偿还信托计划、短期融资券、中期票据项目本金和收益的能力。

【业务操作】

1. 借款人已与银行签署贷款合同，借款人要求变更贷款的提款日并已得到银行的书面回复认可；
2. 借款人与银行签署远期贷款合同；
3. 银行出具给借款人的无条件贷款发放承诺；
4. 银行认可的其他再融资形式。

【银行收益】

1. 银行可以获得惊人的存款沉淀和可观的中间业务收入。通常银行都会对提供承诺的企业提出要求，要求配比一定比例的存款。

2. 属于银行的承诺类授信业务，不属于银行的担保，可以规避银行不能够为短期融资券等提供担保的缺陷。

【案例】河南绕城公路发展有限责任公司授信

一、客户概况

河南绕城公路发展有限责任公司（以下简称高发公司）成立于2000年8月，注册资本661 154.93万元，是河南省人民政府授权省交通厅组建的国有独资企业，为适应高速公路建设管理的需要，在原河南省高等级公路建设指挥部的基础上，正式成立了河南省交通厅高速公路建设管理局，2000年，根据国家经济体制改革总体部署和交通事业发展的需要，河南省交通厅党组对河南绕城公路建设管理体制进行了改革，将原“河南省交通厅高速公路建设管理局”、“河南省交通建设投资公司”及“郑州黄河公路大桥”的资产合并改制，于2000年8月4日组建了河南绕城公路发展有限责任公司，并按照《中华人民共和国公司法》的要求，形成了较为完善的法人治理结构。该客户所属行业为交通运输业，是河南省高速公路经营与管理的特大型国有独资公司，是河南绕城公路建设、管理、投资的主体，其垄断地位显著。

二、上下游客户及主要结算方式

该公司主要经营高速公路、特大型独立桥梁等交通基础设施的开发建设、养护和经营管理，为其配套的上下游企业均规模较小，一般采用现款或承兑方式付款，按照工程施工比例在一定期限内结算。

三、2013年客户营销计划

（一）授信方案

额度类型				授信方式			
授信额度（万元）				期限（月）			
授信品种	币种	金额	保证金比例	期限	利/费率	是否循环	串用说明
特定信用增级型贷款承诺函	人民币	166 000.00	0	36	按银行规定执行	是	按银行规定
授信总敞口							166 000.00

（二）授信项目风险分析及风险控制措施

1. 建设期与经营期风险。河南省的高速公路通车里程已位居全国第一，

主要干线公路建设已基本完成，公司已由重点建设期转向经营管理期，建设期投入较大，未来经营管理成本的控制将直接影响利润。

2. 经营性资产减少带来的风险。近年，按照政府要求，受收费还贷公路等政策性因素的影响，该公司经营性资产减少，加之通行费多路径拆分的影响，利润有所下降，另外，高速公路建设周期长、投入大、收回慢的特点，也会影响经营性收入。

3. 运输方式的不同带来的竞争风险。航空运输市场已向民营资本放开，运营成本进一步降低，越来越多的人选择航空运输。铁路部门也先后进行了五次大提速，以及近期国家对铁路的巨额投资，都将对公路运输造成竞争。不过与航空运输、铁路运输相比，高速公路在运输成本、运营速度、安全性和舒适性方面存在一定差距，而且改进的空间不大，应发挥自身灵活、方便、快捷的优势。

（三）相关效益分析

公司在银行日均存款为30 000万元左右，拟为其下属公司办理银承业务，预计保证金存款为10 000万元左右。通过授信后将为客户提供高资理财等投行产品，增加存款沉淀以及中间业务收入，并进一步提升银行授信占比，提升客户忠诚度。

三十二、续贷承诺函

续贷承诺函属于商业银行的中间业务，可以有效稳定本行的优质中小企业客户群体，同时给银行贡献可观的中间业务收入。

【产品定义】

续贷承诺函是指银行为在本行办理贷款的企业，在贷款到期前，重新核定的可以继续使用的授信额度的一种承诺函。

【产品优势】

1. 企业优势

银行给企业以信心，企业可以迅速从第三方寻找资金归还银行贷款，而在归还本行贷款后，可以很快重新获得新的贷款，以保证企业的经营活动连续。

2. 银行优势

可以给银行创造极高的中间业务收入，可以收取0.1%～0.3%的中间业务手续费。

可以稳定客户关系，对银行长期稳定优质的中小企业意义重大。

【适用客户】

本行核定授信额度的中小企业，多是担保和抵押可以连续的中小企业，例如以房产作为抵押的客户，客户承诺在一年期贷款到期后，还可以继续抵押给银行，再次办理贷款。银行就可以提供贷款承诺函。

【银行收益】

可以给银行贡献非常可观的中间业务收入。

【案例】河南省大华铝业有限责任公司授信

一、客户概况

河南省大华铝业有限责任公司的初始注册资本金为2 260万元，主要经营铝板、带、箔生产项目，年生产能力20万吨，其中合金棒生产线7条、产能11万吨（其中再生铝合金棒生产线5条、产能8万吨），合金锭生产线2条、产能2万吨，合金卷（铝箔）生产线5条、产能6万吨，合金锭冷轧线1条、产能1万吨。企业产能扩大，日常生产经营所需的流动资金增加。该企业2010年实现销售收入151 078.97万元，较2008年的128 321.98万元、2009年的89 585.87万元有大幅提高，企业的销售收入不断增加。

整体上，铝行业属于受经济周期影响较大的行业之一，同时，其高度依赖煤炭、电力、氧化铝粉等资源，属于高耗能行业，但其对国民经济运行有着不可替代的作用。在我国，铝冶炼行业有逐渐规模化的发展趋势，其一，企业不断增加产能、提高生产技术；其二，企业不断向上游扩展，经过几次行业周期性调整发现，有上游电力、煤炭、氧化铝粉优势的企业，其抗风险能力强，在经济周期中表现稳定；其三，企业不断向下游铝加工延伸，这是因为铝冶炼的利润空间较小，吨铝的冶炼成本基本在14 000~15 000元/吨，而铝加工行业随着加工精细化程度的增加，其产品的附加值呈几何倍增长，能够大幅度地提升企业的利润率。

该公司作为中孚实业铝深加工的重点子公司，行业地位较高。

主营产品及产能、产量

企业主要经营铝板、带、箔生产项目，年生产能力20万吨，其中合金棒生产线7条、产能11万吨（其中再生铝合金棒生产线5条、产能8万吨），合金锭生产线2条、产能2万吨，合金卷（铝箔）生产线5条、产能6万吨，合金锭冷轧线1条、产能1万吨。

二、2013年客户营销计划

(一) 授信方案

单位：万元

<table>
<tr><td colspan="8">现有授信</td></tr>
<tr><td colspan="2">额度类型</td><td colspan="2">公开授信</td><td colspan="2">授信方式</td><td colspan="2">综合授信</td></tr>
<tr><td colspan="2">授信额度</td><td colspan="2">500</td><td colspan="2">期限（月）</td><td colspan="2">12</td></tr>
<tr><td>授信品种</td><td>币种</td><td>金额</td><td>保证金比例</td><td>期限(月)</td><td>利/费率</td><td>是否循环</td><td>串用说明</td></tr>
<tr><td>流动资金贷款</td><td>人民币</td><td>500</td><td>0</td><td>12</td><td>按银行规定执行</td><td>是</td><td>按银行规定串用</td></tr>
<tr><td colspan="7">授信总敞口</td><td>5 000</td></tr>
<tr><td colspan="8">续贷授信承诺</td></tr>
<tr><td colspan="2">额度类型</td><td colspan="2">公开授信</td><td colspan="2">授信方式</td><td colspan="2">综合授信</td></tr>
<tr><td colspan="2">授信额度</td><td colspan="2">500</td><td colspan="2">期限（月）</td><td colspan="2">12</td></tr>
<tr><td>授信品种</td><td>币种</td><td>金额</td><td>保证金比例</td><td>期限(月)</td><td>利/费率</td><td>是否循环</td><td>串用说明</td></tr>
<tr><td>流动资金贷款</td><td>人民币</td><td>500</td><td>0</td><td>12</td><td>6.6</td><td>是</td><td>按银行规定串用</td></tr>
<tr><td colspan="7">授信总敞口（含现有授信） 8 000</td><td>500</td></tr>
</table>

拟新增或追加授信用途：补充流动资金，购买原材料。担保方式：该授信由该公司的母公司中孚实业提供连带责任保证担保。

(二) 授信项目风险分析及风险控制措施

第一，有色金属市场价格处于低位盘整阶段，但与前一年度相比，价格仍然很低，虽然受国家政策的大力支持，随着经济回暖，国内铝行业呈上升趋势，但国际订单的缺失以及内需不足依然严重制约对铝的需求。

第二，企业属于铝加工中的粗加工，产品的附加值较小。但企业的生产规模提高之后，下游客户增多，生产经营正常。

(三) 相关效益分析

利率水平：通过银行初步与借款人沟通以及参照同业机构的情况，初步认同给予借款人基准利率上浮10%的利率水平。

存款：银行与客户初步沟通，该公司同意按银行授信占比在银行留存结算量，以及日均存款1亿元。

中间业务：该公司在经营过程中产生大量银行承兑汇票，银行向借款人推出银行承兑直贴业务。

三十三、保险资金基础设施债权投资计划资金托管

银行为保险资金参与基础设施债权信托计划提供托管，可以为商业银行形成可观的资金沉淀，满足商业银行的拓展需要。

【产品定义】

保险资金基础设施债权投资计划资金托管是指银行通过引入保险公司资金，为基础设施项目、商业不动产项目筹集资金，通过提供贷款承诺函等隐性担保方式，为保险公司提供安全保障的一种特定资金操作模式。

保险资金基础设施债权投资计划是由中国保监会负责备案审核，通过私募或者注册方式，由保险资产管理公司发起设立的、类信托的债务融资工具，主要投向于基础设施项目（如交通、能源、市政、环保、通信等）、保障房项目（如公租房、廉租房）、商业不动产项目（如商业中心、写字楼、医疗养老、地产等）以及其他领域的项目。

传统的债权投资计划一般是指基础设施债权投资计划，债权计划业务范围已拓展至保障房项目、商业不动产项目上。

保险资金投资计划（以下简称投资计划）是指保险资产管理公司根据有关规定发起并经保监会批准设立，通过向保险公司募集资金，用于投资基础设施和不动产项目的一种投资计划。包括保险资金基础设施债权投资计划和不动产投资计划两种。

【产品优势】

保险资金基础设施债权投资计划、不动产投资计划作为由保险资产管理公司设立的创新型债务融资工具，具有资金规模大、期限灵活、成本较低的特点，且融资规模不受企业净资产规模限制，资金用途较灵活，是大型企业

扩充长期稳定的资金来源，也是其优化负债结构、提高财务稳健性的理想的债务融资工具。与银行贷款、企业债券、中期票据等债务融资工具相比，投资计划具有如下优势：

1. 融资规模大。融资规模不受偿债主体净资产规模限制，融资上限一般为项目总投资的 40%（已建成项目可不受此约束）。单笔融资规模通常为 10 亿 ~30 亿元，资质优良的项目还可达百亿元规模。

2. 期限以长期为主。通常为 7 年左右，期限较长，部分项目可长达 10 年或以上。保险公司正在尝试运作 1 ~5 年期限的项目。

3. 不受信贷政策调整影响。资金来源主要为保险资金，具有长期稳定的特点。投资计划的设立只需经中国保监会指定机构注册或备案，不需报国家发改委、中央银行、银监会、证监会等部委审批会签。

4. 资金使用灵活。资金使用模式与企业债较为相似，可以根据项目建设需要分次或一次性到位。

5. 还款方式多样。可根据融资主体、投资项目资金特点，采取固定利率、浮动利率、分期还本、一次性还本等多种本息还款方式。

6. 综合融资成本相对较低。高资信等级的项目，债权计划融资成本参照同期贷款基准（或适当调整）协商确定；中低资信等级的项目，一般参考银行同笔贷款利率水平或者信托产品利率（适当调整）协商确定。

【基本结构】

债权投资计划主要采取类信托模式。保险资产公司为债权计划受托管理人，负责受托设立、运营管理债权计划；银行或大企业集团为债权计划提供担保，提升债权计划信用水平（较少采取资产抵质押方式）；融资主体即借款人，负责建设运营基础设施项目，按时足额还本付息。

设立债权计划的主要筛选标准

1. 偿债主体标准

（1）与项目方关系：项目公司或其母公司（实际控制人）。

（2）相关资质：经工商行政管理机关（或主管机关）核准登记，具备担任融资和偿债主体的法定资质。

（3）经营和财务状况：具备持续经营能力和良好的发展前景，具有稳定

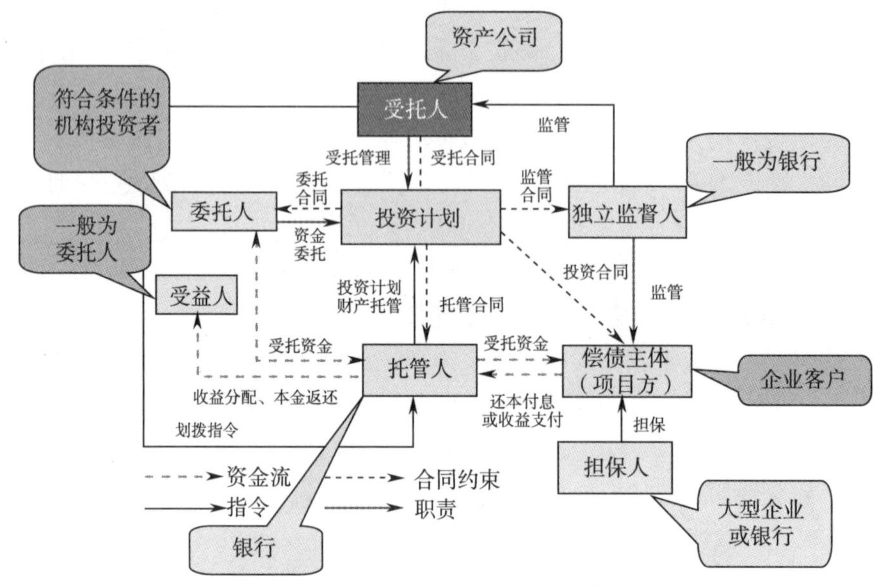

图1 保险资金基础设施债权投资计划资金托管基本结构

可靠的收入和现金流，财务状况良好。优先考虑最近一个会计年度的资产负债率、经营现金流与负债比率和利息保障倍数达到同期全国银行间债券市场新发行债券企业行业平均水平的企业。

（4）信用状况：信用状况良好，无违约等不良记录。

（5）还款来源：还款来源明确、真实可靠，能够覆盖债权投资计划的本金和预期收益。

（6）关联关系：与专业管理机构不存在关联关系。

2. 投资项目标准

（1）行业属性：基础设施类项目，如交通（公路、铁路、桥梁、港口等）、能源（电网、火电、水电、核电、煤炭、石油等）、市政环保（自来水、污水处理、脱硫等）、通信等领域。

（2）项目方资格：具备法人资格。

（3）符合相关政策情况：具有较高的经济价值和良好的社会影响，符合国家和地区发展规划及产业、土地、环保、节能等相关政策。

（4）项目可行性：具有国家有关部门认定最高级别资质的专业机构出具的可行性分析报告和评估报告。

（5）项目保险：项目已经投保相关保险。

（6）项目运作程序：立项、开发、建设、运营等履行法定程序。优先考虑国务院、有关部委或者省级政府部门批准的项目。

（7）项目方资质：项目方取得有关部门颁发的业务许可证。

（8）项目方资本金占项目总预算比例：≥30%或符合国家有关资本金比例的规定。

（9）在建项目自筹资金占项目总预算比例：≥60%。

（10）一组项目的子项目的账户及资产独立性：一组项目的子项目，应当分别开立财务账户，确定对应资产，不得相互占用资金。

3. 信用增级标准

表1　信用增级标准

<table>
<tr><td rowspan="2">A 类增级</td><td>担保人类型</td><td>国家专项基金、政策性银行、上一年度信用评级 AA 级以上（含 AA 级）的国有和股份制上市银行；上述银行省级银行担保的，应当提供总行授权担保的法律文件，并说明其担保限额和已提供担保额度</td></tr>
<tr><td>担保方式</td><td>提供本息全额无条件不可撤销连带责任保证担保</td></tr>
<tr><td rowspan="9">B 类增级</td><td>担保主体</td><td>在中国境内依法注册成立的企业（公司）</td></tr>
<tr><td>担保方式</td><td>本息全额无条件不可撤销连带责任保证担保</td></tr>
<tr><td>担保人信用评级</td><td>不低于偿债主体信用评级</td></tr>
<tr><td rowspan="3">担保人净资产</td><td>≥60 亿元（发行规模≤20 亿元）</td></tr>
<tr><td>≥100 亿元（20 亿元 < 发行规模≤30 亿元）</td></tr>
<tr><td>≥150 亿元（发行规模 > 30 亿元）</td></tr>
<tr><td colspan="2">担保人全部担保金额占净资产比例≤0.5，全部担保金额和净资产则依据担保主体提供担保的资产范围计算确定</td></tr>
<tr><td colspan="2">母公司（实际控制人）担保的，担保人净资产与偿债主体净资产倍数≥1.5</td></tr>
<tr><td>担保程序</td><td>履行全部合法程序</td></tr>
</table>

续表

C 类增级	无限售流通股份质押担保	无限售流通股份流动性较高、公允价值不低于债务价值 2 倍，且具有完全处置权
	收费权质押担保	收费权依法可以转让
	实物资产抵押担保	依法有权处分该实物资产，该实物资产未有任何他项权利附着、具有增值潜力且易于变现，抵押物价值不低于债务价值的 2 倍
	质（抵）押手续	质押担保应当办理出质登记，抵押担保办理抵押物登记，且抵押权顺位排序第一
免于信用增级	偿债主体	最近两个会计年度净资产不低于 300 亿元、年营业收入不低于 500 亿元
		最近两年发行过无担保债券，其主体及所发行债券信用评级均为 AAA 级
	发行规模	≤30 亿元

4. 募集资金规模标准

基础设施债权投资计划拟募集资金规模原则上不低于 15 亿元。

【案例】河北建投新能源综合产品营销案例（河北建投新能源有限公司）

一、企业基本概况

河北建投新能源有限公司是河北建设投资集团有限责任公司的全资子公司。作为河北省内风电投资规模最大的专业化公司，建投新能源及其分、子公司建设的风电项目属于符合国家产业政策的重点金融支持对象。公司计划在 2010 年建成 100 万装机容量的风电场，在现有基础上资产翻 1 番。

建投新能源在成立之初就与 × × 银行建立了良好的业务合作关系，在 × × 银行开立了基本账户，存放注册资金将近 1 年，授信额度累计达 22.5 亿元。但进入 2010 年，随着宏观政策的收紧，民生银行贷款发放受到限制，客户在银行的贷款无法新增，原有的授信额度基本也无法提用，业务发展面临瓶颈。

二、银行切入点分析

1. 综合收益。从产品创新应用中获得的综合收益包括：

（1）长期稳定的中间业务收入和存款沉淀。× × 银行作为保险资金债权

投资计划的托管人、独立监督人，可获得连续7年、每年2.5‰的中间业务收入，企业存款达13亿元，该资金沉淀将延续7年。

（2）在传统信贷业务受限情况下对优质客户的有效维护。2010年，监管部门持续加强对存贷比、资本充足率的监管，使得银行规模增长受到一定制约；在这种情况下，主动进行产品创新、引入短期融资券、中期票据等发债融资业务以及企业保险债权投资计划合作，既能够带来可观的收益，又可在不占用银行宝贵风险资本的前提下，帮助客户开拓新的渠道，获得期限长、成本低的资金融通，达到银企双赢。

（3）深化银行与大型保险机构的合作关系，整合客户资源。保险基础设施债权投资项目均为政策鼓励支持、关系国计民生、具有重大经济价值和社会影响的国字号项目：参与保险债权投资计划，有助于构建合作平台，实现与保险金融服务的交叉销售，获得优质客户资源，带动银行相关业务的发展。

2. 涉及产品。

主打：短期融资券，保险资金托管。

辅助：流动资金贷款。

三、银行授信方案

在资本约束日趋严格的情况下，能源部开拓思路，将切入点定位于少占或不占资本的中间业务产品，加强与信托、保险和银行同业的沟通联系，向客户提供新的融资品种：

1. 短期融资券。根据客户现有的净资产情况，××银行在合作银行中首家建议其发行短期融资券；对客户而言，短期融资券不但是新的融资渠道，而且利率低于传统贷款，可以降低财务费用；客户非常感兴趣，很快决定由该银行作为短期融资券主承销商。能源事业部与金融市场部密切合作，高效高质地完成了繁重的前期工作，顺利通过银行间交易商协会注册备案，5亿元短期融资券成功发行。

通过本单业务，××银行一次性收取200万元中间业务收入，获得了存款沉淀，并由此锁定了今后3年内企业直接发行短期融资券的渠道，可以保证稳定的中间业务收入。鉴于客户有着积极的中长期发展规划和稳定的发展历程，××银行计划随着其资产规模的扩大，在适当时机追加介入中期票据等产品，进一步确立自身主要合作银行的地位，扶持客户一路发展壮大。

2. 保险资金债权投资计划。保险资金债权投资计划是中国保监会为扩大保险资金投资渠道而力推的一种创新投资方式。2006 年 3 月，经国务院批准，保监会公布了《保险资金间接投资基础设施项目试点管理办法》，确定通过债权投资计划的形式，将保险资金投资于交通、通信、能源、市政、环境保护等重点基础设施项目。

认识到债权投资计划是优质企业拓宽融资的重要渠道，且银行已具备保监会托管银行资格，能源部抓住时机就此产品对建投新能源开展营销。最终确定的方案为客户通过太平洋资产管理公司发行 7 年期债权投资计划，融资 13 亿元，利率下浮 13.5%，由民生银行作为该保险资金债权投资计划的托管人和独立监督人。建投新能源保险资金债权投资计划项目是该银行第一单保险资金托管业务。

三十四、保险资金不动产投资计划银行托管业务

保险资金非常庞大，一般希望立足于中长期信贷项目，可以有效地引导与政府的基础实施项目对接。

【产品定义】

保险资金不动产投资计划是指由保险资产管理公司发起设立，向保险机构等合格投资人发售产品份额，募集资金，并选聘商业银行或其他资产托管机构为托管人，专门投资于非基础设施类不动产的份额化资产管理产品。

【基本结构】

保险资产管理公司为不动产投资计划受托管理人，负责受托设立、运营

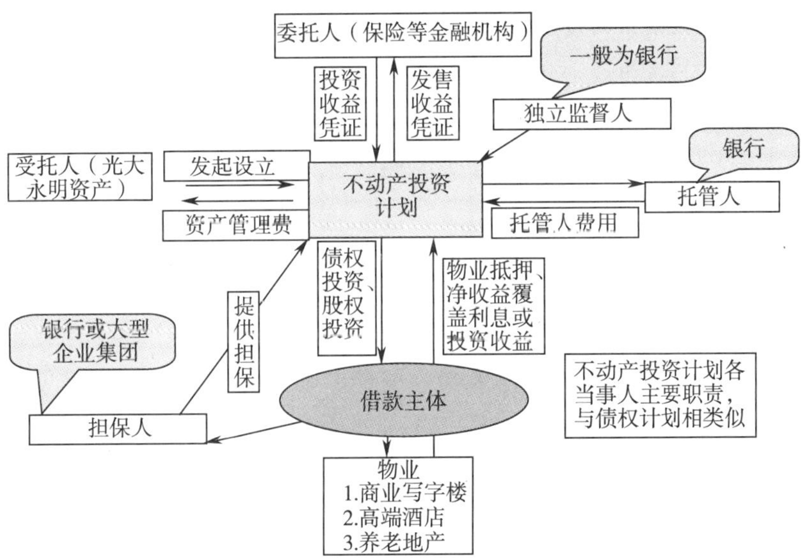

图 1　保险资金不动产投资计划基本结构

管理债权计划；银行或大企业集团为不动产投资计划提供担保（一般会同时采取资产抵质押方式）；融资主体即借款人，负责不动产项目建设运营、按时足额还本付息。

【设立债权计划的主要筛选标准】

1. 偿债主体标准

（1）与项目方关系：项目的项目公司或其母公司（实际控制人）。

（2）相关资质：经工商行政管理机关（或主管机关）核准登记，具备担任融资和偿债主体的法定资质；如为房地产开发商，则应具有一级开发资质。

（3）经营和财务状况：具备持续经营能力和良好的发展前景，具有稳定可靠的收入和现金流，财务状况良好。优先考虑最近一个会计年度资产负债率、经营现金流与负债比率和利息保障倍数，达到同行业平均水平。

（4）信用状况：信用状况良好，无违约等不良记录。原则上要求为央企地产公司、全国排名前100名开发商或域龙头开发商、上市地产公司。

（5）还款来源：还款来源明确、真实可靠，能够覆盖投资计划的本金和预期收益。

（6）关联关系：与专业管理机构不存在关联关系。

2. 投资项目标准

（1）资产类别：投资的不动产位于中国境内，仅限于商业不动产、办公不动产、与保险业务相关的养老、医疗、汽车服务等不动产及自用性不动产。

（2）权证要求：满足①已经取得国有土地使用权证和建设用地规划许可证的项目；②已经取得国有土地使用权证、建设用地规划许可证、建设工程规划许可证、施工许可证的在建项目；③取得国有土地使用权证、建设用地规划许可证、建设工程规划许可证、施工许可证及预售许可证或者销售许可证的可转让项目；④取得产权证或者他项权证的项目；⑤符合条件的政府土地储备项目。以上均要求产权清晰，无权属争议，相应权证齐全、合法有效。

（3）所在地域：地处直辖市、省会城市或者计划单列市等具有明显区位优势的城市。

（4）管理权属：管理权属相对集中，能够满足保险资产配置和风险控制要求。

（5）资金管理：实行资金专户管理，督促开户银行实行全程监控，严格审查资金支付及相关对价取得等事项。

（6）公共租赁房与廉租房：项目经政府审定，地处经济实力较强、财政状况良好、人口增长速度较为稳定的大城市。

（7）禁止情形：①遵守专地专用原则，不得变相炒地卖地，不得投资开发商业住宅；②投资养老、医疗、汽车服务等不动产，其配套建筑的投资额不得超过该项目投资总额的30%；③剩余土地使用年限不得低于15年。

3. 增信方式标准

（1）债权投资的增信方式：①借款主体利用成熟商业地产项目抵押，抵押率不超过50%；租金收入监管。②实际控制人提供担保（如为银行担保，则可不再采取资产抵押）。③其他可行的增信方式。

（2）股权投资的增信方式：①融资主体公司将其持有的项目公司的股权大部分过户给投资计划，其余部分质押给投资计划；②母公司承诺不动产投资计划到期后无条件受让投资计划持有的项目公司的股权；③最终控股集团对股权受让义务提供连带责任保证担保；④其他可行的增信方式。

4. 募集资金规模标准

不动产投资计划拟募集资金规模原则上不低于10亿元。

【业务申报流程】

为规范银行保险资金投资计划业务的开展，提高审批效率，银行在进行此类业务申报时，申报流程如下：

1. 银行遴选目标客户及与保险公司的期望收益率、投资周期、投资领域等条件相吻合的基础设施及不动产项目，并完成保险资金投资计划资料的申报。

2. 银行信贷额度审批通过后，将初审后的材料提交给保险公司。

3. 保险公司初审后，通过项目立项、非现场调查、尽职调查、投资委员会审核、交易所注册、保监会复核后，实现资金的划拨。随着保监会保险资

金投资计划注册制、发审制的落实，监管审批环节耗时将大为缩减，预计整个项目运作周期为5周。

【营销建议】

鉴于保险资金投资计划业务是新开办业务，具有金额大、期限长等特点，银行在应强化风险和责任意识，切实加强业务管理。同时，银行应密切关注保监会对保险资金计划项目审批要求的政策变化，加强与总行、保险公司各分支机构的信息沟通与联系。

【适用客户】

一般都是房地产项目，利率承诺能力较强，而且提供了充足足值的房产进行抵押；或者是地方政府城投项目，当地财政出具了安慰函。

【银行收益】

可以给银行形成巨额的存款资金沉淀，由于用款人使用信贷资金需要较长的时间，而且会将结算资金户指定在本行，会给本行形成巨额的资金沉淀。

【案例】郑州传媒大学授信方案（保险资金计划托管）

一、企业基本情况

郑州传媒大学，该校以新闻学、广播电视艺术学两个国家重点学科为特色，文、理、法、经等多学科全面发展，设有博士、硕士、本科、高等职业教育和继续教育等多层次、多规格的人才培养体系，是一所教学研究型综合性大学。拥有13个二级学院、4个博士后科研流动站、24个博士点、48个硕士点、3个专业硕士类别、78个本科专业。二级学院包括电视与新闻学院、广告学院、国际传播学院、媒体管理学院、政治与法律学院、影视艺术学院、播音主持艺术学院、动画学院、文学院、信息工程学院、理学院、计算机学院及远程与继续教育学院。

二、银行授信方案

单位：万元

授信						
额度类型	公开授信额度		授信方式	综合授信额度		
授信额度	15 000		授信期限(月)	12		
授信品种	币种	金额	保证金比例	期限（月）	利/费率	是否循环
保险资金计划托管	人民币	15 000	0.00	12	基准	是
性质	新增	本次授信敞口		15 000	授信总敞口	15 000
担保方式及内容	信用					

【点评】

宏观货币信贷政策稳中趋紧，监管力度持续加大，使得银行信贷规模增长受到制约。在此情况下，保险债权投资计划作为一种新的融资渠道，在不占用银行宝贵风险资本的前提下，为客户尤其是重大客户引入了一种新的期限长、利率下浮空间大的低成本融资手段，在遵循监管要求的前提下，有效地维护了银行优质客户资源。从客户需求出发，充分学习政策、灵活运用产品，是营销突破的关键。

三十五、定向票据

定向票据属于商业银行最新的投资银行业务，可以为企业快速筹集大额资金，形成可观的存款沉淀。

【产品定义】

定向票据是以有限范围的定向方式在银行间市场发行的短期融资券和中期票据。

定向票据与公开发行债务融资工具的根本区别在于，其发行和交易的投资者范围固定。

定向票据面向两类有限范围的投资者发行。初期主要面向银行间市场的定向投资者（由主承销商和发行人协商确定的机构投资者组成，初期约为50家）；后期投资者范围扩大到银行间市场的合格机构投资者（由银行间市场管理部门认可的主要交易机构组成，约200家）。定向票据的二级市场交易也在同一投资者范围进行。

【基本要求】

1. 融资总量不受净资产40%比例限制

因投资者范围确定，符合《中华人民共和国证券法》关于非公开发行的定义，定向票据发行金额不受净资产40%比例的限制。

2. 信息披露要求更低

定向票据是一种非公开发行的融资工具，其信息披露要求相对公开发行而言更为简单，具体体现为：

（1）无须定期披露财务报表；

（2）除需提供最近一年经审计财务报表外，发行文件的信息披露内容没有硬性规定，由发行人和投资者协商确定；

（3）发行人和投资者协商需要披露的信息，采取网下定向披露模式，无须公开披露。

3. 不强制要求评级

定向票据不强制要求评级，是否需要评级视票据发行情况而定。

4. 仍保留公开发行融资工具的各项优点

定向票据仍保留了公开发行债务融资工具（短期融资券和中期票据）的全部优点：

（1）融资期限完全根据企业需求确定，以1~5年为主。

（2）募集资金用途没有硬性规定。

（3）仍然保持低成本优势，采取簿记建档等市场化定价方式，发行利率大幅度低于同期限贷款。

（4）仍然采取注册制，交易商协会出具正式注册通知，纳入其产品体系统一管理。

（5）注册仍然以形式审核为主，且根据定向发行的特性，注册周期有望进一步缩短。

（6）仍然保持简便的操作性，无须进行复杂的结构化和证券化，操作灵活，简单易行。

【基本规定】

企业在银行间市场发行定向票据应遵守以下管理制度：

中国人民银行：《银行间债券市场非金融企业债务融资工具管理办法》

中国银行间市场交易商协会：《银行间市场非公开发行定向融资工具业务指引》（正在制定之中，将于近期发布）、《银行间债券市场非金融企业债务融资工具发行注册规则》、《银行间债券市场非金融企业债务融资工具中介服务规则》、《银行间债券市场非金融企业债务融资工具尽职调查指引》、《中国银行间债券市场交易商协会会员管理规则》。

以上规则在交易商协会网站 www. nafmii. org. cn 均可查阅。

定向票据面向有限范围的投资者群体发行。定向投资者名单由主承销商和发行人协商确定，数量不超过200家（初期阶段为30~50家）。每次发行票据的投资者范围可能不同。为便于操作，银行备有多个定向投资者名单供发行人选择。在发行文件中须详细列示当期票据定向投资者名单。

投资者发行和交易的最终控制通过中央国债登记结算有限公司系统完成。

【发行主体】

发行主体应具备以下条件：

(1) 依法设立的企业法人机构；

(2) 具有稳定的偿付资金来源；

(3) 可以提供必要的公司信息；

(4) 信用资质优良；

(5) 近三年没有违法和重大违规行为；

(6) 近三年发行的固定收益证券没有延迟支付本息的情形；

(7) 具有健全的内部管理体系和募集资金的使用偿付管理制度。

【产品优势】

1. 银行收益

(1) 可以给银行形成巨大的资金沉淀，定向票据一般金额极大，属于标准的投资银行业务。

(2) 可以给银行贡献非常可观的中间业务收入，总额极大。

2. 企业优势

企业筹资速度极快，能满足企业的临时资金需要。

【案例】郑州大学第一附属医院授信

一、客户概况（注册资金、股本结构及主要股东背景等）

郑州大学第一附属医院为事业法人单位。1931 年始建于古城开封，原名“国立河南大学医学院附院”。包含小儿外科、消化内科、心理咨询、胸外科、心血管内科、心血管外科、血液科、眼科、针灸科、肿瘤科、整形外科、中医科等 40 多个专业科室及相关行政科室。

该单位属于医疗事业单位，股东为河南省卫生厅，百分之百占比出资 51 982.25 万元建立。

二、客户总体经营情况

（一）所属行业及行业地位

郑州大学第一附属医院创建于 1931 年，是河南省最大的集医疗、教学、

科研为一体，专科齐全有特色、专家资深有特长的大型综合性医院之一，先后被命名为“三级甲等医院”和“全国百佳医院”，也是河南省培养高级医疗卫生人才的最大基地，由于该院在全省医疗界的突出地位，被誉为“河南省医疗卫生事业发展的缩影”、“培养医学人才的摇篮”。

（二）主营产品及产能、产量

该院担负着全省人民的医疗保健任务，还承担着郑州大学的教学任务，同时还设有许多科研机构。医院承担着临床医学系、临床检验系、儿科医学系、预防医学系、口腔医学系及医学影像系的本、专科和研究生、留学生的教学任务。其中有博士后流动站2个、临床医学硕士点35个，每年还接省内外进修人员600余人。设立的科研机构有：临床医学研究所、肿瘤研究所、骨科研究所、耳鼻喉研究所、内分泌研究所、血液病研究所、脏器移植研究所、老年病研究所、性病研究所、神经内科研究室等。另外，世界眼科基金会中国分会、国际白内障人工晶体中心、河南省卫生厅检验中心、河南省急救中心分站、河南省聋儿听力训练技术指导中心、河南省神经外科网络中心、河南省小儿麻痹后遗症手术矫治指导中心、医学信息网络中心、河南省医学博士后流动站等机构都设在这里。

（三）上下游客户及主要结算方式

该院实行差额管理，按照省政府和卫生厅的要求，收入不上缴，每年的医疗经营收入差额不上缴财政，另外，财政平均给予每年3 000多万元的拨款，其中90%用于人员工资，其余部分为专项经费，主要用于科研经费及设备购置等专项使用。

三、授信方案

单位：万元

额度类型				授信方式			
授信额度				期限（月）			
授信品种	币种	金额	保证金比例	期限(月)	利/费率	是否循环	串用说明
中票票据	人民币	15 000	0	36	按银行规定执行		按银行规定执行
授信总敞口（含现有授信）							15 000

三十六、中小企业集合票据

中小企业集合票据可以为中小企业快速募集大额资金，可以给商业银行贡献可观的中间业务收入。

【产品定义】

集合票据是指 2 个（含）以上、10 个（含）以下具有法人资格的企业，在银行间债券市场以统一产品设计、统一券种冠名、统一信用增进、统一发行注册方式共同发行的，约定在一定期限还本付息的债务融资工具。

企业发行集合票据应一次注册、一次发行；任一企业集合票据募集资金不超过 2 亿元人民币，单只集合票据注册金额不超过 10 亿元人民币。

【营销建议】

各家商业银行应当高度重视中小企业集合票据这个市场，中小企业集合票据资金募集总量极大。由于中小企业单体融资金额较小，如果一家银行单独为某个中小企业发债，募集资金只有区区的几千万元，无疑，银行的人工成本太高。所以，可以将中小企业集合，银行进行集中发债。

【业务流程】

具体业务流程如下（见图 1）：

（1）通过筛选的中小企业组成联合发行人，向中国银行间市场交易商协会（以下简称协会）注册集合票据，由主承销商负责承销事宜。

（2）中债信用增进投资股份有限公司（以下简称中债公司）对集合票据提供无条件不可撤销的连带责任保证担保；地方担保公司就中债公司承担的集合票据保证责任提供反担保；联合发行人以自有资产或关联方资产等向地方担保公司提供抵、质押保障措施。

（3）集合票据获得注册后发行，通过中债公司信用增级，节约了发行成本。

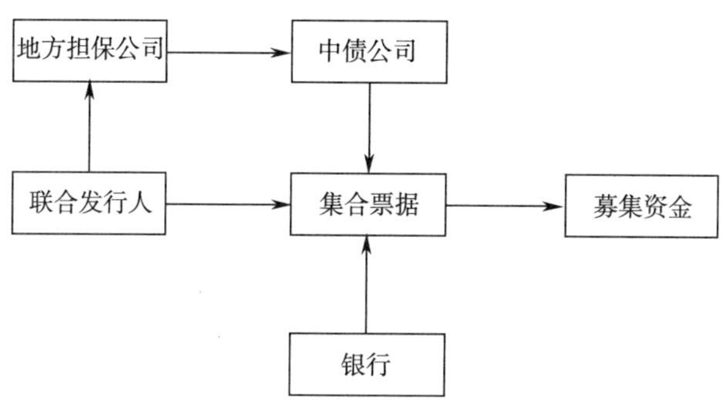

图1　中小企业集合票据业务处理流程

项目实施

1. 业务流程

项目具体实施流程如图2所示。

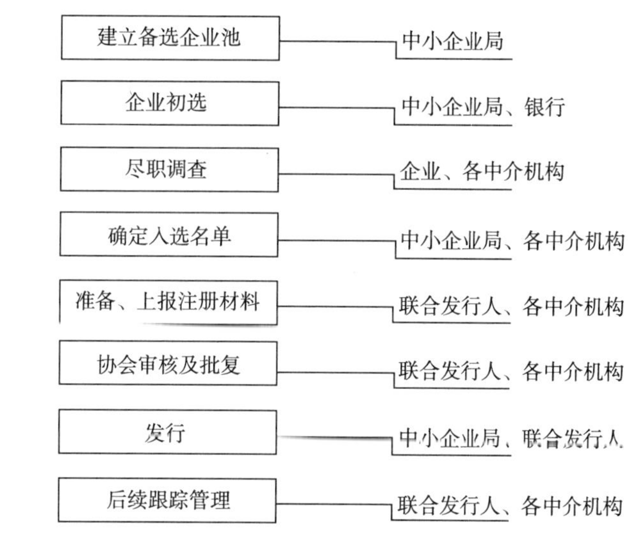

图2　项目实施流程

2. 发行成本

虽然集合票据通过中债公司增信降低了发行利率，但考虑到中债公司和地方担保公司收取的服务费用以及其他中介机构费用，发行集合票据综合成

本较同期银行贷款不具明显优势（甚至可能略高）。如果没有地方政府一定程度的支持，中小企业难以通过发行集合票据降低其资金成本。

【银行收益】

1. 可以给银行贡献极多优质的中小企业资源。由于优质的中小企业普遍热衷于发行债券，通过这种方式，可以给银行贡献较多的优质中小企业资源。

2. 节省银行宝贵的风险资产资源。银行对这类中小企业直接提供贷款，占用银行宝贵的风险资产资源。而发行集合票据属于银行的投资银行业务，不占用银行的风险资产。

【案例】

河南安阳中小企业 2013 年第一期集合票据定于 3 月 6 日发行。

本期集合票据发行规模 2.55 亿元，期限 3 年，固定利率，采用簿记建档、集中配售方式发行。在时间安排上，簿记建档日为 2013 年 3 月 6 日，缴款日和起息日为 2013 年 3 月 8 日。

经大公国际资信评估有限公司综合评定，本期集合票据的债项信用等级为 AAA 级，各发行人主体信用等级分别是林州凤宝管业有限公司 BBB + 级、宝舜科技股份有限公司 BB + 级、河南永达清真食品有限公司 BBB 级。中债信用增进投资股份有限公司的主体信用等级为 AAA 级。本期集合票据由中债信用增进投资股份有限公司提供全额不可撤销担保。

三十七、现金管理业务

现金管理业务属于商业银行的王牌业务，可以有效控制企业的现金流，形成低成本的存款沉淀。

【产品定义】

现金管理业务是以核心系统为基础，以网银或银企直联为渠道，通过开发专门的业务系统，为客户实施现金流量管理，协助客户提高资金使用效率、降低资金使用成本、提高资金收益，促进客户业务资金管理优化的一种商业银行业务。

【产品分类】

主要业务功能包括：账户管理、资金归集与下拨、对外付款、内部计价、资金调拨、投资管理、跨境交易查询、账务清分等。

1. 现金管理标准版

现金管理标准产品以对公网上银行为渠道，通过账户管理、收付款管理、流动性管理、投融资管理、网上金融等各项功能，满足企业基本的资金管理需求，帮助客户实现资金流量监控，提高资金的流动率和使用效率，同时增加资金收益。

2. 现金管理直通式

现金管理直通式依托银企直联渠道，实现银行内部系统与企业财务系统（或 ERP 系统）无缝对接，从而使企业能够直接通过自有资金管理软件实时、批量、灵活地进行银行账户查询、转账、归集下拨等业务操作。

3. 现金管理跨行通

现金管理跨行通是银行为企业集团提供的现金管理产品之一，专注于跨银行资金管理，帮助客户建立内部跨银行资金管理平台，包括资金结算、预算管理、资金计价等功能，可实现相关信息的共享和全景展现。

【产品功能及特色】

1. 现金管理标准版

（1）账户管理功能。账户管理可支持收支一线、收支两线、统收统支等多种结算模式，实现了账户结构全面化管理，适应于不同的财务管理模式。

（2）流动性功能。流动性功能包括资金上划下拨功能和现金池委托贷款功能，客户可根据自身需求进行选择，同时，归集下拨功能的实时、定时、余额、发生额等方式可随意组合，具有较高的灵活性，可满足多样化的流动性管理方式。

（3）投融资功能。银行已开发多种投融资产品，包括智能存款计划、债市通现金管理计划、法人透支、子账户非授信透支、现金池委托贷款等，为客户提供丰富的增值服务和融资服务。

（4）收付款功能。收付款功能包括虚账户对外付款、代理行支付和代理汇兑等功能，具有多类型、多渠道、多品种的特点，为客户提供便捷、安全、快速的付款功能。

2. 现金管理直通式

直通式产品整合了银行多业务条线产品和相关系统资源，在深入了解企业需求的基础上，将企业流程管理、财务管理、供应链管理紧密结合，协助客户建立起适合自身特点的最佳资金管理方案，为高端客户提供专属服务，实现集团内资金资源共享，降低财务成本，提高资金运转效率。

3. 现金管理跨行通

（1）账户管理功能。现金管理的核心是对现金流的控制，而控制的落脚点则集中于对银行账户的管理，账户管理的主要特点：实时的账户监管、合理的分权控制、完整的账户体系、良好的银行支持。用户可根据自己的业务及操作习惯，自由地进行模块划分和业务功能定义。

（2）资金结算功能。资金结算包括两部分：资金调拨和日常结算。资金调拨包括资金的上划与下拨，主要实现对资金中心内部上、下级企业间的资金划收，支持对资金结算一体化管理，实现成员单位—集团本部—银行三点一线的无缝连接。

（3）资金预算功能。预算管理功能可与资金结算需求相结合，完成对每

个单位、每个账户的资金控制。客户可通过预算管理功能为不同成员单位编制、调整、执行预算，合理控制成员单位的收付款，增强集团对成员单位的资金管理强度。

（4）内部金融功能。内部金融是客户提供集团内部资金流转和融资的平台，具有集中化的标准处理机制。客户通过内部金融功能，可实现内部账户管理、资金调拨及计价，帮助集团合理配置资金，提高资金规模效应与协同效应。

【营销建议】

1. 标准版产品应以中小型客户为核心，提高产品功能的应用率。标准版客户归集下拨功能应用较多，但是其他功能使用率较低。各银行应以银行新上线的债市通现金管理计划、智能存款计划、来账小管家、Swift 报文查询、跨行互联等特色功能为切入点，增加客户使用银行结算产品的数量，提高客户黏合度。

2. 直通式产品应主要面向大、中型集团公司和财务公司进行营销。其中针对财务公司代理其成员单位进行支付结算的特点，大力推进代理行支付、代理汇兑功能；针对具有扣款需求的保险公司、燃气公司等，可利用新上线的跨行代扣功能作为营销切入点，推广现金管理业务。

3. 跨行资金归集业务应以满足行业龙头客户和垄断性行业优质客户的现金管理需求为主要营销方向，坚持以客户为中心的营销理念，将客户业务与产品相结合，合理引导客户，深度挖掘需求，认真研讨分析，以客户的最终需求为核心目标，通过各项业务流程的系统化、集中化、模型化、标准化的处理，为集团和成员单位提供更贴心的服务。

【适用客户】

特大型的集团客户，在多家商业银行开立结算账户，希望统一管理资金。

【银行收益】

1. 如果集团企业总部将跨行资金归集账户的核心账户开立在本行，那么这个核心账户就会滞留大量的资金，非常稳定。

2. 牢牢控制集团企业的结算流水，密切与企业的合作关系。

【案例】北京权金城有限公司现金管理服务中小企业的综合营销案例

一、企业基本情况

北京权金城有限公司于2011年6月在北京开设第一家洗浴休闲店——“权金城浴都”，该店集洗浴、餐饮、客房、休闲、健身为一体，营业面积2 000平方米，在北京率先将“健康、休闲”的理念融入洗浴行业。

旗下各业态连锁店40多家，其中洗浴连锁店中，营业面积10 000平方米以上的有10家，拥有员工近6 000名，每日平均接待客流量1.5万人，累计会员30多万名。资产总额为42 152.65万元，收入合计42 993.79万元。

二、银行切入点分析

北京权金城有限公司旗下各店已在银行开立62个对公账户，并全部安装银行集团网上银行，使用零余额服务；已有11家店安装银行POS机；贷款余额800万元，预计年内会将额度提满，综合收益包括：

贷款利息收入：280万元；

个人储蓄存款：967万元；

30家分店年流水：4亿元；

公司存款余额：2 000余万元，预计两年内达到5亿元。

三、银行授信方案

主打：集团网、零余额、中小企业贷款业务；

辅助：个人业务产品，如信用卡、POS机、代发工资等。

××银行阜成门支行在了解到企业的现金管理需求及贷款需求后，立即联合由管理部相关处室及电子银行部华北运营中心组成的营销团队，实行总行、分支行联动，用创新的产品与全面的服务赢得客户的心，终于在几家银行的竞争中脱颖而出，充分满足了企业的现金管理需求和融资需求。银行启动与权金城品牌管理有限公司的合作，历经5个月，通过反复沟通、探讨与协调，最终实现发放权金城集团2 200万元贷款，集团旗下30余家门店全部在银行开立公司账户，并使用银行集团网及零余额服务，金融服务平台正式运行。

在现金管理方面，该银行为权金城集团搭建了现金管理服务平台，创造性地实现双线资金管理。同时，该银行为权金城的他个分店分别开立两个账

户，一个账户专门用于“一卡通”的资金结算；另一个用于非“一卡通”的资金的结算。一卡通的账户通过银行的零余额产品实现资金的实时上收，非一卡通的账户通过集团网功能进行查询和管理。双线资金管理模式是银行根据企业的具体需求设计的，使得企业在资金结算上更具效率，账务情况也更清晰。企业旗下各分店已在银行开立62个对公账户，各店的结算流水全部通过银行账户，各店间的资金划转也全部通过网上银行。

在贷款方面，银行在与企业反复磋商的基础上，根据企业的实际经营情况，大胆创新，设计出独特的贷款方案，很好地满足了企业的融资需求。通过房产抵押、股权质押以及对各家直营店的营业收入的资金监控，有效放大企业授信额度，最终，估价600万元的房产实现授信额度放大到2 200万元。

企业对银行提供的产品与服务都非常满意，下一步将与银行在个人业务方面展开合作，包括代发工资、信用卡等。

【点评】

大型的餐饮公司、洗浴集团往往现金流量较大，这是现金管理业务的黄金客户。银行可以要求这类客户存入底限为3 000万元的存款，通常这类客户较为弱势，银行有较好的议价能力。这类客户对兑换零钞、现金管理业务、网上银行业务需求非常旺盛，如果银行能提供这些服务，会给银行提供较好的回报。

1. 加强与北京市工商联等政府组织的沟通，对发掘中小企业客户具有积极的意义。

2. 以客户的某一金融需求为切入点，积极挖掘企业的其他需求，才能真正把一个客户做实做深。

3. 产品、模式创新与全面的服务可以有效提升银行的竞争力，也是提高客户对银行满意度的重要途径。

4. 现金管理业务是提升客户忠诚度的重要手段。

三十八、企业年金基金托管

企业年金属于商业银行大力争取的资金业务，金额大、沉淀期限长，可以为商业银行贡献源源不断的资金来源。

【产品定义】

企业年金基金托管是指银行接受企业年金基金受托人委托，与之签订“企业年金基金托管合同”，并按照合同的约定托管企业年金基金资产的一种中间业务。

【产品功能】

安全保管企业年金基金财产，负责企业年金基金资产的清算、核算，监督投资管理人的运作，定期向企业年金基金受托人以及有关监管部门提交托管报告及财务会计报告。

【适用客户】

建立企业年金的企业或企业年金基金受托人（包括企业年金理事会及企业年金基金法人受托机构）。

【服务内容】

基本服务

（1）账户开立。为企业年金基金开立受托财产托管账户、投资资产托管账户等资金账户以及证券账户、证券交易备付金二级账户、中央国债登记公司债券托管账户、申购开放式基金直销账户等投资账户，并协助企业年金基金投资管理人开立投资管理风险准备金账户。

（2）实物资产保管。实物资产的托管范围包括存单、存款证实书、其他有价单证以及其他权利证书。严格按照银行现金和有价单证的交接和保管办法进行管理，并采用先进的技术手段，切实保证企业年金实物资产的安全。

（3）缴费归集。按受托人提供的缴费收账通知核对实收缴费金额，并将核对结果通知受托人和账户管理人。

（4）资金清算。投资管理人实施投资运作后，与中国登记结算公司或交易对手方完成交易数据的资金清算，做到及时、安全和准确。

（5）会计核算和估值。核算企业年金基金资产净值，编制企业年金基金财务报表，如实反映企业年金基金运作状况，按时与投资管理人进行账务、报表核对，按照估值原则，客观、准确地反映企业年金基金资产的净值。

（6）待遇支付。根据受托人指令，与账户管理人提供的受益人待遇计算资料进行核对，将需支付的资金划至指定的账户，并及时将支付结果通知受托人和账户管理人。

（7）投资监督。在企业年金基金运作的过程中，银行会按照《企业年金基金管理办法》、《企业年金试行办法》等相关规定以及合作公司、受托人关于投资策略的个性需求，设置相关监控指标，实施事前、事中、事后的全流程风险管理，严格防控各类潜在风险，最大限度地保证企业年金基金财产的安全。

（8）信息报告。根据有关规定，定期按时向受托人报送有关会计报表，提供企业年金基金托管报告和企业年金基金财务会计报告，履行信息报告的职责。

【办理流程】

具体办理流程如下：

（1）银行与企业年金基金受托人签订托管合同；

（2）开立企业年金基金有关银行资金账户和证券账户；

（3）归集企业年金缴费并向投资管理人分配投资额度；

（4）办理企业年金待遇支付及转移；

（5）企业年金基金资金清算；

（6）企业年金基金会计核算；

(7) 全程监督企业年金基金运作;

(8) 向受托人及有关监管部门出具托管报告;

(9) 提供绩效评估等增值服务。

【银行收益】

可以给银行贡献可观的低成本存款,企业年金是企业为每个职工办理的退休使用的资金,资金量非常庞大,会给银行贡献大量的存款。

【案例】

中国石油天然气股份有限公司注册资本2亿元,是于1999年11月5日在中国石油天然气集团公司重组过程中,按照《中华人民共和国公司法》和《国务院关于股份有限公司境外募集股份及上市的特别规定》成立的股份有限公司,是中国油气行业占主导地位的最大的油气生产和销售商、中国销售收入最大的公司之一,也是世界最大的石油公司之一。

某商业银行积极争取了该公司的企业年金业务,对于商业银行来说,企业年金一半相当于存款,其在商业银行存款超过20亿元。

三十九、专项资金托管业务

商业银行通过为企业提供专项资金托管，可以获得低成本的存款。

【产品定义】

专项资金托管业务是指托管人根据监管要求或委托人单独委托，在专项资金使用过程中保障资金安全和专款专用的托管业务。专项资金是指基于完善信任机制、促进资金保管，需要引入保管和监督的资金。

【产品优势】

专项资金托管是商业银行按照监管机构政策要求以及客户委托，在专项资金使用过程中可起到保障资金安全和专款专用的作用。

【业务流程】

1. 委托人和银行就资金托管相关事项达成一致意见，签署托管协议。
2. 在托管期间内，银行按照协议约定履行开设托管账户、安全保管托管资金、办理托管资金清算等业务。

【适用客户】

多是政府管理的各类基金等。很多地方政府出于管理某项业务的角度，设立了很多专项资金，例如山西、内蒙古的煤炭生产基金，东北三省的老工业企业改造基金，安徽等农业大省的农业生产基金等。

【银行收益】

可以给银行贡献极为可观的存款，而且存款金额巨大，沉淀期限极长且稳定。

【案例】

山西建立煤炭安全生产基金，要求每户煤矿生产企业必须交存煤矿安全生产基金，预计管理资金总量将超过50亿元。

某商业银行积极介入，通过提供煤炭安全生产基金托管业务，吸收了大额存款。

四十、股权投资基金托管

股权投资基金是最热门的基金，资金量大，而且容易发现投资银行的业务机会，所以要高度重视。

【产品定义】

股权投资基金托管是指拥有银监会批复产业投资基金托管资格的特大型商业银行，为股权投资基金提供包括资金保管、清算与划拨、财务估值及复核、投资监督、托管报告等托管服务，并能够为优质客户提供会计核算外包等托管增值服务、搭建中介平台协助基金募集等综合金融服务。

【主要功能】

托管基础功能包括专用托管账户的开立及管理、基金资金保管、资金清算及划拨、财务估值及复核、会计档案整理及保管、投资监督、托管报告、事后监督及数据备份等。

托管增值服务包括为所托管的股权投资基金提供设立、组建、营运管理等方面的顾问与信息服务。

综合金融服务包括：（1）为股权投资基金提供初建期或存续期的会计核算及财务报表等会计方案及外包服务；（2）在行领导批准的情况下，整合银行资源为优质股权投资基金搭建中介平台，为基金募集工作提供协助与支持。

【适用客户】

以有限合伙制、公司制以及其他法律允许方式注册的，符合国家相关法律规定的产业投资基金、创业投资基金等股权投资基金。

【办理流程】

具体办理流程如下：

（1）股权投资基金管理公司或筹备团队与所在地银行分支行客户管理部门联系。

（2）分支行向主管托管分部汇报，视客户需求由总行托管业务部或各银行托管业务分部提供服务方案，与客户就托管业务合作达成一致并签署托管协议。

（3）基金资金转入托管专用账户后，银行为股权投资基金提供托管基础服务及增值服务。

【案例一】民生银行托管重庆联创共富股权投资基金

××××年9月25日下午，由民生银行托管，基金总规模约20亿元的重庆联创共富股权投资基金在民生银行重庆分行私人银行部落户。

该基金是由联创投资管理公司和中国扶贫开发协会共同发起，盈利主要用于支持贫困村大学生村官成长工程的“星火扶贫创业基金”。发起方希望以该基金为平台，借助各方面的资源优势，优先引导经济发达地区的优秀企业落户经济相对落后，但发展潜力巨大的区域，并与当地企业强强联合，实现共同致富。

民生银行通过服务网络渠道，向高净值客户推介私募股权基金，打造股权投资综合金融服务平台，结合公司银行业务、托管业务与零售银行业务，努力建造面向客户的股权加债权综合融资服务体系，从“募、投、管、退”方面为合作PE企业提供全面的服务。

【案例二】中信银行潍坊分行成功托管首笔私募股权投资基金

中信银行潍坊分行私募股权投资基金托管实现重大突破。2011年11月，中信银行潍坊分行与昆吾九鼎投资管理有限公司就昆吾九鼎消费股权投资基金托管事宜达成一致，双方签订托管协议，由中信银行潍坊分行对这一私募股权投资基金的部分资金进行托管，本只消费股权投资基金总规模为15亿元人民币，由中信银行潍坊分行托管资金规模达3.2亿元人民币，托管期为5年，截至2011年12月28日，已入账资金1 050万元。

昆吾九鼎投资管理有限公司是中国最具影响力的私募股权投资管理公司之一，管理基金规模超过80亿元人民币，基金过往投资者包括祥峰投资集团（新加坡淡马锡公司）、欧洲宝马家族基金、安联保险、瑞士合众集团、中信证券、刘鸿儒金融教育基金会、龙湖地产、剑南春集团、上海中建房产集团等，曾获得“2010年在华PE机构第四名”、“2010年中国最佳股权投资机构第四名”等多项行业荣誉。

本次与昆吾九鼎投资管理有限公司的业务合作，开创了中信银行潍坊分行与私募股权投资基金合作的先河，实现了中信银行潍坊分行私募股权投资基金托管业务零的突破，将为其同类托管业务的发掘及拓展奠定良好的基础。

【银行收益】

1. 可以给银行贡献极为可观的大额存款，由于风险投资资金使用有着明确的约定，而且资金一般金额较大，所以通常会形成沉淀期限较长。

2. 可以将风险投资公司作为渠道类客户，能给银行贡献源源不断的有着上市前景的优质客户群体。

四十一、产业投资基金托管

各地政府建立了各种类型的产业基金，这些产业基金资金规模极大，而且一般都属于政府优先支持的行业，如果银行可以托管该基金，还可以获得及早介入这些企业信贷投放的机会。

【产品定义】

产业投资基金托管是指银行根据相关法律法规的规定，依照与产业投资基金管理公司签订的托管协议，履行托管人职责，负责保管托管资产安全、维护投资者合法权益，为各类产业投资基金提供账户开立、资金清算、会计复核、投资监督、撰写托管报告等服务。

【产品分类】

具体托管服务如下：

（1）为产业投资基金客户开立基金托管账户；

（2）银行作为托管人，应按照协议约定履行托管人职责，安全保管资金，维护投资人的合法权益；

（3）按照托管协议的约定，根据基金管理人的划款指令，及时办理清算、复核等事宜，并保存相关资料至少 15 年；

（4）银行将根据托管协议约定来监督产业投资基金资金的运用，对指令的真实性、合法性和完整性进行审核，审核无误后予以执行。如发现管理人的指令违反法律或合同约定的，银行将拒绝执行，并立即通知委托人。

【产品优势】

产品的优势有：可以给银行贡献非常可观的存款，尤其是定期存款；可

以为银行开展投资银行业务提供基础客户群体。

【办理流程】

具体办理流程如下：

（1）产业投资基金管理公司与银行签订托管协议；

（2）基金募集期间投资者签署合伙协议；

（3）基金募集结束后将资金划入该公司的托管专户；

（4）银行在该基金投资期间履行托管协议约定的资金托管、资金清算、复核、投资监督、撰写托管报告等项职责。

【案例一】××银行中标内蒙古首只大型产业投资基金托管业务

2012年4月16日，内蒙古地区首只大型产业投资基金——内蒙古自治区战略创新产业基金托管银行招标结果在呼和浩特公布。经过总行、分行、支行三级机构的共同努力，××银行成功地在与工行、农行、中行、建行、交行、招商、华夏7家参与投标银行的激烈竞争中脱颖而出，凭借完善精致的托管服务方案和直接股权投资基金业务的行业优势，成功获得基金托管资格。

一、内蒙古战略创新产业基金概况

根据某银行总行公司业务年初工作会议确定的“大力发展新型资产托管业务，有效提升托管业务市场份额”的精神，呼和浩特银行一直密切跟进内蒙古自治区战略创新产业基金营销工作。内蒙古自治区战略创新产业基金（以下简称产业基金）由内蒙古自治区发展和改革委员会筹建发起，设计规模为200亿元人民币（分三期），组织形式为有限合伙制，基金存续期7（3+2+2）年，基金主办人为内蒙古自治区发展和改革委员会，基金管理公司为内蒙古华蒙投资管理有限责任公司。该产业基金是内蒙古自治区首只大型基金，资金来源为符合条件的大型国企、大型金融投资机构以及个人投资者。单笔最低投资额度不低于5亿元，首期募集额度不低于50亿元。基金主要投资于内蒙古区域内煤炭并购、区内具备上市条件的企业（IPO）、区外优秀金融机构等。基金投资于内蒙古自治区内的项目不低于基金额度的70%。建立后的产业基金将作为自治区政府旗下最大的产业基金，在“十二五”期间积极配合自治区政府产业结构优化升级，实现政府连接产业、集合资本、催生

市场的职能，为自治区六大支柱产业提供高效率的金融支持，对内蒙古地区经济结构调整、产业结构优化具有重大的战略意义。

二、总行、分行、支行联动，成功获得产业基金托管资格

此次成功获得内蒙古战略创新产业投资基金托管资格，既是某银行总行在直接股权投资基金领域专业优势的再次体现，也是总行、分行、支行联动营销的又一经典案例。由于该只基金是内蒙古自治区发展和改革委员会主办的首只战略产业基金，设计规模高达200亿元，因此这次的托管行招标竞争已趋于白热化，本次述标的8家参与行中，有6家总行参与了述标，可见各家银行对该只基金的资金托管高度重视，定标时间也已由原来的3月29日推迟到了4月16日。4月17日，华蒙基金管理公司向××银行反馈了托管行招标评分结果，某银行获得综合评分87.77分，列8家竞标行中第二名，成功入围本次托管行招标范围。5月11日，内蒙古华蒙战略创新产业股权投资基金中心顺利在某银行开立托管账户。

【适用客户】

各地建立的各类产业投资基金。

【银行收益】

该产品涉及金额巨大，沉淀期限极长，而且非常稳定。一般都是以亿元为单位，大型的产业基金都在10亿元以上。

【案例二】浦发银行获国内最大海洋产业投资基金托管权

浦发银行一直紧盯资产托管业务领域。浦发银行又一次获得了总规模达480亿元的侧重国家海洋经济产业的基金——蓝色经济区产业投资基金（以下简称蓝色基金）的托管权。蓝色基金是国内规模最大的产业基金，也是全国第一个以海洋经济为特色的产业投资基金。

该项基金批复规模300亿元人民币，首期规模80亿元人民币，同时发起成立境外美元平行基金，注册地在香港，规模为30亿美元，基金本外币合计480亿元。

蓝色基金服务于国家海洋战略，主要投资海洋产业、战略性新兴产业、产业园区项目及其他产业。

参与投标蓝色基金的商业银行共有6家，浦发银行获得了最终的托管权。

股权基金托管业务是浦发银行最具特色和品牌的一项资产托管业务，其该项业务连续三年保持同业领先地位，占据市场份额30%。

浦发银行在2012年第一季度继续保持业绩稳定增长。2012年第一季度业绩报告显示，该行第一季度归属于上市公司股东的净利润78.94亿元，同比增长30.29%；不良贷款余额为66.94亿元，不良贷款率为0.48%。

四十二、资产证券化资金托管

资产证券化属于未来的发展趋势极为看好的产品，可以给商业银行带来巨大的资金流。

【产品定义】

资产证券化资金托管是指银行业金融机构作为发起机构，将信贷资产信托给受托机构，由受托机构以资产支持证券的形式向投资机构发行受益证券，以该财产所产生的现金支付资产支持证券收益，银行作为资金保管机构接受受托机构的委托，履行保管信托财产账户资金的职责的一种中间业务。

【产品功能和特色】

信贷资产证券化信托资金保管通过在证券化信托中引入银行保管机制，实现投资管理与资金保管职能的分离与相互制约，能够保护信托财产的安全，有效监督受托人的投资行为，切实维护委托人的合法权益。保管银行主要提供资产保管、资金清算、投资监督和信息披露等项服务。

【办理流程】

具体办理流程如下：

（1）受托人与银行签订信贷资产证券化信托资金保管合同；

（2）该信贷资产证券化信托获批成立后，银行作为保管人，按照合同的约定履行资金保管、投资监督、会计核算、资金清算等项职责。

【办理渠道】

银行托管业务部负责办理此项业务。

【案例】住房贷款证券化银行托管

中国建设银行股份有限公司是一家在中国市场处于领先地位的股份制商业银行，为客户提供全面的商业银行产品与服务。主要经营领域包括公司银行业务、个人银行业务和资金业务，多种产品和服务（如基本建设贷款、住房按揭贷款和银行卡业务等），在中国银行业居于市场领先地位。

中国建设银行股份有限公司选择与建信信托公司合作，将本行办理的50亿元住房按揭贷款进行证券化处理。

四十三、信托计划保管

经典的银行中间业务，可以给银行带来大量的存款沉淀，银行将信托公司作为重要的渠道类客户资源。

【产品定义】

信托计划保管业务是指银行作为信托计划保管行，依照银行与信托公司签订的保管协议的约定，为各类信托计划提供的资产保管、资金清算、会计核算、投资监督、信息报告等项服务。

信托计划按照投资范围、投资结构的差异，划分为证券投资类信托计划、非证券投资类信托计划、混合类信托计划。以上三类信托计划均包括单一资金信托与集合资金信托。

【功能与特色】

1. 资产保管与账户开立：为信托计划开立独立的资金账户，确保理财产品资产的独立、完整和安全。

2. 资金清算：审核信托计划投资管理人资金划拨指令无误后，完成其投资活动涉及的资金清算。

3. 会计核对与资产估值：根据商定的记账方法和估值原则，以信托计划为核算主体，独立建账、独立核算，并定期对信托计划估值核对。

4. 投资监督：按照监管部门的要求和信托计划保管协议的约定，监督信托计划投资管理人的投资运作，确保其合法合规。

5. 托管报告：根据托管协议的约定向信托公司出具托管报告。

【办理流程】

具体办理流程如下：

（1）银行了解客户需求；

（2）双方充分协商沟通；

（3）签订信托计划保管协议；

（4）信托公司在银行开立托管账户；

（5）信托国内公司将信托资产移交给银行；

（6）银行对信托资产提供保管运作。

【适用客户】

各类信托公司。中国的信托公司数量众多，很多信托公司经营状况较好，非常适合银行营销。

【银行收益】

1. 可以给银行贡献非常可观的存款，信托公司就是影子银行，可以为很多房地产公司、城投公司、矿业公司募集大额的资金。银行通过为信托计划提供托管服务，可以将这些发行信托计划募集的资金托管在银行。

2. 可以获得源源不断的客户资源。信托公司本身有大量的客户经理，本行有着极为丰富的客户资源，银行可以将信托公司作为自己的渠道类客户经理，通过与信托公司合作，信托公司会给银行介绍大量的客户资源。

【案例】大庆万达股权投资项目集合资金信托计划

一、信托产品基本情况

1. 渤海信托拟发起设立大庆万达股权投资集合资金信托计划，信托规模以发行期结束时实际募集金额为准（受托人可根据融资人及资金募集情况提前终止发行），信托期限为12个月，信托计划用于受让大连万达商业地产股份有限公司持有大庆万达相应股权（具体股权份额以信托计划实际募集金额在大庆万达增资后注册资本中所占份额为准），受益人预计收益率为8.5%。

2. 大连万达商业地产股份有限公司根据渤海信托公司资金募集情况，将项目公司资本金增加到一定的数额，待信托资金到位，将信托计划实际募集金额在大庆万达注册资本中所占份额对应的股权转让给渤海信托公司。

3. 万达地产将其持有的大庆万达另外剩余的股权质押给受托人并办理股权质押登记手续，为万达地产的股权回购义务提供担保。

4. 万达集团为万达地产到期溢价回购渤海信托公司股份提供保证担保。

5. 信托计划到期时大连万达商业地产股份有限公司溢价回购渤海信托公司持有的项目股权，渤海信托公司向委托人分配信托收益，信托计划终止。

6. 若大连万达商业地产股份有限公司未回购渤海信托公司的股权，则渤海信托将处置其持有的项目公司股权及万达地产质押给渤海信托的股权，以实现信托收益，或要求大连万达集团股份有限公司履行保证担保义务，直至完全实现信托收益为止。

二、收益分析

渤海信托在××银行广安支行开立信托财产保管专户，并与银行签署“信托产品保管运作协议”，保管费率为信托资金规模的0.1%/年。本信托计划拟通过银行进行推介，并由银行代理本信托计划的资金收付，收取代理手续费。代理手续费用为信托资金规模的1.2%/年。银行收取的财务顾问费率为信托资金规模的0.7/年。

四十四、商业银行理财产品托管

商业银行重要的同业业务和托管业务，会给银行带来大量的资金沉淀。

【产品定义】

商业银行理财产品托管是指银行作为具有证券投资基金托管资格的商业银行，为其他商业银行及本行发行的人民币理财产品（包括个人及对公理财产品）提供资产保管、资金清算、会计核算、投资监督、信息报告等项托管运营服务，并提供行政服务、会计核算外包等多项托管增值服务的综合金融服务。

【主要功能】

托管基础功能包括专用托管账户的开立及管理、资金保管、资金清算及划拨、财务估值及复核、会计档案整理及保管、投资监督、托管报告、事后监督及数据备份等。

托管增值服务包括以下几个方面：（1）为人民币理财产品投资提供各类行政服务；（2）结合银行托管业务部人员及系统优势，为各类理财产品提供全面的会计服务；（3）为人民币理财产品投资账户开立及投资相关事宜提供专业咨询服务。

【适用客户】

股份制商业银行、城市商业银行、外资银行等具备人民币理财产品发行资格的各类银行类金融机构。

【办理流程】

具体办理流程如下：

（1）人民币理财产品发行行与银行分支行客户管理部门联系，双方初步协商达成合作意向。

（2）客户与银行进一步协商确定人民币理财产品托管服务内容，银行针对客户个性化需求为客户定制托管业务服务方案，与客户就托管业务合作达成一致并签署托管协议。

（3）理财资金转入托管专用账户后，银行根据理财产品托管协议约定内容提供托管基础服务及增值服务（如需要）。

【银行收益】

可以给银行贡献可观的中间业务收入，由于理财产品金额大，所以，通过提供理财产品托管，银行会有惊人的中间业务收入。

【案例】

河北银行是经中国人民银行批准的全国首批五家城市合作银行试点之一，也是河北省成立最早的城市商业银行。截至2012年12月底，河北银行有员工6 000余人。

河北银行继续坚定建设环渤海区域领先的公众银行这一目标，加快发展战略步伐，提升品牌形象，在全国城市商业银行中树立了良好的形象，越来越受到社会的关注。

近年来，河北银行通过积极推动业务战略转型、持续加大金融创新力度，支持地方经济发展。截至2013年2月15日，该行资产总额突破1 300亿元，经营业绩实现了稳步提升。

河北银行大量发行理财产品，某股份制商业银行希望营销该行发行的理财产品，经过细致营销后，该股份制商业银行提供了完整的理财产品托管方案，较好地满足了客户的需要。

四十五、券商专项资产管理计划托管

商业银行最新的托管业务，会给银行带来大量的中间业务手续费。

【产品定义】

券商专项资产管理计划托管是指证券公司在为客户办理特定目的的专项资产管理业务时，针对客户的特殊要求和资产的具体情况，设定特定投资目标，通过专门账户为客户提供资产管理服务。同时，银行作为托管人，按照合同的约定，托管专项资产管理计划资产，维护委托人的合法权益。

【产品功能和特色】

券商专项资产管理计划托管通过在券商专项资产管理业务中引入银行第三方托管机制，实现投资管理与资金保管职能的分离与相互制约，能够保护委托资产的安全，有效监督券商的投资行为，切实维护委托人的合法权益。托管银行主要提供资产保管、资金清算、投资监督和信息披露等项服务。

【办理流程】

具体办理流程如下：

（1）证券公司与银行签订券商专项资产管理计划托管协议；

（2）专项资产管理计划获批后进行资金募集，投资者通过推广机构加入专项资金管理计划；

（3）专项资产管理计划募集结束宣告成立，资金划入该专项资产管理计划托管专户；

（4）银行在该专项资产管理计划存续期间履行托管协议约定的资产保管、资金清算、会计核算、投资监督和信息披露等项职责。

【适用客户】

大型的综合类券商。

【银行收益】

可以给银行贡献可观的中间业务收入和托管存款资金。

【案例】

申银万国证券股份有限公司（以下简称申银万国）由原上海申银证券公司和原上海万国证券公司于1996年7月16日合并组建而成，是国内第一家股份制证券公司。申银万国的222家股东都是国内著名的大中型企业，其中第一大股东为中国光大（集团）总公司。截至1999年底，公司注册资本为13.2亿元，净资产达26.54亿元，总资产为231.33亿元，拥有员工近3 000名；共主承销A股172家，占全国A股上市公司总数的18%；主承销B股38家，占全国B股上市公司总数的35%；连续四年被国际权威金融杂志《欧洲货币》评为“中国最佳证券机构”，荣获卓越奖；在1999年券商经营业绩排名中，申银万国利润总额及沪市A、B股交易量两项指标名列全国券商第一。

申银万国在国内设有108家营业部网点，其业务网络、分支机构遍及中国主要大中城市，辐射42个城市，并在香港特别行政区设有集团公司、合资基金公司、上市公司及全资子公司。业务范围包括：发行和代理各种有价证券、自营和代理买卖各种有价证券、基金和资产管理、企业重组、收购与兼并、投资咨询、财务顾问以及其他与证券有关的业务。

某商业银行与该公司合作券商专项资产管理计划托管，获得了可观的存款回报。

四十六、券商集合资产管理计划托管

商业银行最新的托管业务，会给银行带来大量的中间业务手续费。

【产品定义】

券商集合资产管理计划托管是指投资者与证券公司、银行三方签署资产管理合同，将其特定资产委托证券公司进行投资管理，同时要求银行作为托管人，按照合同的约定，托管券商集合资产管理计划资产，维护委托人的合法权益。

【功能和特色】

券商集合资产管理计划托管，通过在券商集合资产管理业务中引入银行第三方托管机制，实现投资管理与资金保管职能的分离与相互制约，能够保护委托资产的安全，有效监督券商的投资行为，切实维护委托人的合法权益。托管银行主要提供资产保管、会计核算、资金清算、投资监督和信息披露等项服务。

【办理流程】

具体办理流程如下：

（1）证券公司与银行签订集合资产管理计划托管协议；

（2）券商集合资产管理计划获批后进行募集，投资者在推广网点签署资产管理合同并加入集合资产管理计划；

（3）集合资产管理计划募集结束宣告成立，资金划入该集合资产管理计划托管专户；

（4）银行在该集合资产管理计划存续期间履行托管协议约定的资产保管、

资金清算、会计核算、投资监督和信息披露等项职责。

【银行收益】

1. 可以给银行贡献非常可观的中间业务收入。
2. 可以有效帮助银行实现信贷资产出表。

【案例】方正证券股份有限公司托管案例

方正证券股份有限公司是中国证监会核准的第一批综合类证券公司之一，成立于1988年，其前身为浙江省证券公司。

1994年8月，浙江省证券公司改制为有限责任公司。2002年，方正集团收购浙江证券有限责任公司，并更名为方正证券，之后方正证券走上了持续快速发展轨道。2006年11月，方正证券联合方正集团注资收购泰阳证券（前身为湖南证券，成立于1988年）。2008年5月，中国证监会正式批准方正证券吸收合并泰阳证券，合并后的方正证券注册地变更为湖南长沙。2010年9月，经中国证监会核准，方正证券有限责任公司改制为方正证券股份有限公司，公司注册资本增至46亿元。

××银行与该公司合作券商集合资产管理计划托管，获得了可观的中间业务收入。

四十七、券商定向资产管理托管

商业银行最新的托管业务，定向对确定项目的托管，会给银行带来大量的中间业务手续费。

【产品定义】

券商定向资产管理托管是指证券公司接受单一客户委托，与客户签订合同，根据合同约定的方式、条件、要求及限制，通过客户的账户管理客户委托资产，同时，银行根据定向资产管理合同中对托管事项的约定，履行托管人职责，维护客户的合法权益。

【功能和特色】

券商定向资产管理托管通过在券商定向资产管理业务中引入银行第三方托管机制，实现投资管理与资金保管职能的分离与相互制约，能够保护委托资产的安全，有效监督券商的投资行为，切实维护委托人的合法权益。托管银行主要提供资产保管、会计核算、资金清算、投资监督和信息披露等服务。

【办理流程】

具体办理流程如下：

（1）委托人、证券公司和银行就委托资产有关事项达成一致意见，三方签署定向资产管理合同；

（2）银行在定向资产管理合同约定的时间内对委托资产履行合同约定的托管职责。

【适用客户】

各类证券公司。

【银行收益】

可以给银行创造极为可观的中间业务收入。

【案例】

中航证券有限公司（以下简称中航证券）是经中国证监会批准设立的全国性综合类证券公司，前身是江南证券有限责任公司，于 2002 年 10 月 18 日在江西南昌成立。2009 年 6 月 22 日，中国证监会核准了公司增资重组的申请。2010 年 4 月，中航投资控股有限公司为中航证券第一大股东，中国航空工业集团公司成为中航证券实际控制人，现注册资本 132 587. 58 万元人民币。

中航证券主营业务范围为：证券经纪；证券投资咨询；与证券交易、证券投资活动有关的财务顾问；证券承销与保荐；证券自营；证券资产管理；证券投资基金代销。公司在京、津、沪、渝、粤、闽、浙、赣、陕、豫、鲁、鄂、滇等全国主要省（市）设有 30 家证券营业部，在深圳、北京分别设立了证券承销与保荐分公司及资产管理分公司。

某商业银行成功营销中航证券在商业银行办理券商定向资产管理托管业务，获得手续费超过 200 万元。

四十八、保险资金银行托管

保险资金具有资金量大、沉淀稳定的特点，非常值得商业银行深度拓展。

【产品定义】

保险资金银行托管是指符合资质的商业银行作为托管银行，为保险（集团）公司和保险资产管理公司的投资资产提供以账户管理、资金清算、会计核算、信息披露、投资监督以及绩效评估等为主要内容的金融服务的一种银行托管业务。

【功能和特色】

1. 账户管理：为保险公司开展投资提供资金类账户和证券类账户的开立、变更和注销等服务。

2. 资金清算：按照委托人指令进行资金清算。

3. 会计核算：以保险产品或资产类别为主体独立建账，按照约定的会计原则和估值办法进行会计核算和估值，确定托管资产净值。

4. 信息披露：向委托人提供反映托管资产财务状况和经营成果的财务报表或定制化报表；向监管机构提供监管类报表和数据。

5. 投资监督：按照监管部门的法律法规和委托人的监督要求对托管资产进行投资监督。

6. 增值服务：为保险公司提供绩效评估、现金管理、定制化报表、电子对账等增值服务。

【办理流程】

具体办理流程如下：

（1）客户与银行客户经理联系，银行全面了解客户业务需求；

（2）银行为客户制订托管服务方案；

（3）双方签订托管协议和托管操作备忘录；

（4）资产正式移交银行托管；

（5）银行为客户提供托管服务。

【风险提示】

托管银行不替托管客户垫付资金，保险公司应确保托管资金账户不发生影响投资交易的透支。

【银行收益】

会给银行贡献大额存款，保险资金量大，投资标的物多为城市基础设施等，投资期限较长。银行提供保险公司资金托管服务，会沉淀极为可观的存款。

【案例】

中国太保集团全称是中国太平洋保险（集团）股份有限公司（也简称中国太平洋保险），是在1991年5月13日成立的中国太平洋保险公司的基础上组建而成的保险集团公司，总部设在上海。

上海房地产经营（集团）有限公司成立于1983年，由上海市房产经营公司改制而成，是一家以房地产开发经营为主业的国家房地产开发一级资质企业。截至2003年12月，公司注册资本3亿元，其中：中华企业股份有限公司持股90%，上海房地产经营（集团）有限公司持股10%。公司现拥有控股和参股子公司十余家，围绕房地产开发经营主业，以物业经营、商业建设、房屋自控设备为依托，经营范围涉及与房地产密切相关的多个领域。

上海城投控股股份有限公司是一家集环境业务、地产业务和股权投资业务为一体的具有较强核心竞争能力、国内一流的综合性现代服务企业。其前身是上海市原水股份有限公司，于1992年7月改制成为股份制企业，当时主要承担长江引水二期和黄浦江上游引水二期工程的融资建设任务。公司股票

于1993年在上海证券交易所上市（A股代码：600649，简称：城投原水）。2008年，公司实施定向发行股份，购买大股东上海市城市建设投资开发总公司旗下的上海环境集团有限公司和上海城投置地（集团）有限公司100%的股权，进行重大资产重组。2008年4月29日，公司更名为上海城投控股股份有限公司，股票简称改为“城投控股”。

中国太保宣布太保公租房债权计划正式通过了保监会备案，成为保险行业首单不动产债权计划，也是保险资金首次涉足保障房领域。据悉，太保资产此次的公租房债权计划共募资40亿元，参与投资上海房地产经营（集团）有限公司在上海市建设的约50万平方米公共租赁住房项目。太保资产的保障房预期收益率约在5%以上，并由上海城投集团以企业信用给予全额担保。

附录一

××银行以贷吸存新思路

提高授信客户综合收益

2013年在信贷资源相对偏少的情况下，××银行各级机构须努力提升对授信客户特别是中小企业的议价能力，提高综合收益。

一是争取客户基本户开立，××银行在2013年劳动竞赛办法中对新开基本户给予了奖励，第一季度奖励标准为新开户季度内某月日均达到20万元，一次性给予奖励1 500元。对高于总行利率标准的中小企业，银行也有一定的议价能力，希望各机构积极争取客户基本户开立，增加沉淀。

二是加强客户结算分析，2013年公司条线将积极与科技部沟通，争取加强客户结算情况分析，对结算回笼较好的授信客户，将在劳动竞赛中进行奖励。各机构从风险管控及综合收益角度，也须认真分析客户结算情况，特别是销售回款情况。对特定的全程通、货押业务，各分支机构更需要及时掌握客户销售情况，要求客户尽快补齐敞口，增加日均。

表1 保证金回笼速度对存款日均的影响 单位：万元、%

初始保证金比例	签票金额	1个月保证金金额	2个月保证金金额	3个月保证金金额	4个月保证金金额	5个月保证金金额	6个月保证金金额	期间日均
30	1 000	300	300	300	500	700	1 000	517
30	1 000	300	300	500	700	900	1 000	617
30	1 000	300	400	600	800	900	1 000	667

三是积极通过表外业务拉动存款，××银行按总行利润考核对贷款业务收益进行了测算，基准利率贷款基本不盈利，上浮5%的贷款利差水平仅相当于存款利差水平的1/4左右。银行2013年将考虑在引入利润考核因素的情况下，各机构可积极与客户沟通，在存款回报条件达成的情况下，争取部分客户将表内业务转表外，提高综合收益。

如对于半年期贷款利率5.6%，银行可下浮10%达到5.04%，扣除企业存款收益3.08%，企业实际成本支出约1.96%。对于部分贷款客户，机构可争取降低贷款利率，增加存款回报。

例如：某中小企业1 000万元贷款，利率基准上浮30%，达7.8%，银行贷款发放时执行利率按照基准上浮10%，即6.6%。另外1.2%的成本通过发放存单质押贷款解决，考虑到银行要求存单质押打9折，企业实际资金使用不足，计算企业综合成本率后，银行可以发放存单质押贷款500万元，派生存款550万元。

附录二

中新能源物资北京有限公司授信案例

中新能源物资北京有限公司自偿性融资授信报告

<table>
<tr><td colspan="8">借款人基本信息</td></tr>
<tr><td colspan="4">客户名称</td><td colspan="4">中新能源物资北京有限公司</td></tr>
<tr><td colspan="4">级别</td><td colspan="4">AA 级</td></tr>
<tr><td>国标行业门类/大类</td><td colspan="3">F 批发和零售业/F51 批发业</td><td>行业分类</td><td colspan="3">F5164 金属及金属矿批发</td></tr>
<tr><td>国标实际投向</td><td>F5164 金属及金属矿批发</td><td colspan="2">投向补充行业分类</td><td>F5164B 金属及金属矿批发—其他</td><td>银行投向大类</td><td colspan="2">04—钢铁</td></tr>
<tr><td>注册资本（万元）</td><td>31 470. 00</td><td>币种</td><td>人民币</td><td>实收资本（万元）</td><td>31 470. 00</td><td>币种</td><td>人民币</td></tr>
<tr><td colspan="2"></td><td colspan="2"></td><td></td><td colspan="3"></td></tr>
<tr><td colspan="2">主营业务：</td><td colspan="6">销售金属材料、柴油、汽油、机械设备、建材、铁路专用设备及器材等。</td></tr>
<tr><td colspan="8">借款人关系发展计划</td></tr>
<tr><td colspan="8">填写准备向该客户提供新产品、金融服务的工作计划。
该公司自 1997 年与××银行建立业务往来关系，在××银行的业务主要包括结算、授信、年金及代发房补等，并成为其银行级重点客户。且随着银行年金业务的大力推动，该公司已于 2008 年 12 月与银行签订了年金合作协议，并进行了实质资金的划拨。
随着该公司经营规模的不断扩大，截至 2012 年末，其主营业务收入达到 251 亿元，虽然净利润较上年有所减少，但整体业务开展稳步增长。随着 2013 年钢材、煤炭价格的企稳回升，可预期该借款人主营的钢材业务将进一步提高，对银行承兑汇票、国内证、保对仓有较大规模的授信需求。2012 年，××银行与该客户在国际业务上较往年有所突破，全年包括进口证、押汇、TT 的美元结算量超过 3 300 万美元，中间业务收入超过 100 万元人民币。在 2013 年，银行将进一步加强与该借款人在贸易融资业务方面的合作，在美元结算量方面有新的突破。</td></tr>
</table>

续表

<table>
<tr><td>第一还款来源分析
借款人经营情况分析</td></tr>
<tr><td>

一、企业基本情况

借款人的经营范围主要包括：铁路维修和建设用钢轨、道岔、柴油、润滑油等专用物资，以及钢材、矿石、煤炭、水泥等大宗商品，承接铁路专用物资的集中采购，先后与马钢、包钢、山钢等国内大型钢铁企业成为战略合作伙伴关系，成为国内众多资源开采、冶炼生产企业与加工制造业、工程建筑单位的供应商。该公司连续10年入选钢铁营销50强企业，且名列榜首。

借款人收入结构主要分为三大块，即铁路系统专项供应，占比33%；自营业务，占比59%；定向购销，占比8%。借款人股东背景强大，实力雄厚，诚实守信，一直以来是各家银行争先营销的优质客户，主要合作的银行有民生银行、广发银行和招商银行等11家，授信额度超过60亿元。借款人从1998年起与银行开展授信合作，迄今已13年。随着其经营规模的扩大和银企合作渐入佳境，银行授信金额也从最初的1亿元提高到7亿元，业务品种由单一的银行承兑汇票扩展到进口开证、国内信用证、押汇、保函、企业年金等多种业务。借款人在银行授信到期日为2013年1月30日，授信额度7亿元，包括流动资金贷款5亿元、保对仓回购担保额度2亿元。

二、运营情况分析

从业务渠道来看，借款人的经营业务主要由两个板块构成，分别是铁路业务和市场业务。建立在这两大基础业务上的其他附属业务板块有国际业务、报关接运、能源矿产。

（一）铁路业务

铁路业务是在中新能源物资股份公司统一安排下进行具体业务的经营工作，形成以柴油、润滑油、钢轨、造车材为主要供应品种，以铁路建设物资贸易和服务工作为核心的经营模式。

油品业务主要由油品部负责。柴油方面，主要资源为燕山石化、齐鲁石化、济南炼厂、青岛炼厂等；主要面向的市场为上海、呼和浩特、济南、北京、郑州、南昌等地的铁路局；在润滑油方面，铁路用润滑油以三代油、四代油、五代油为主，营销范围覆盖整个铁路。

铁路线路业务主要由钢轨部负责。该公司是国内规模最大、综合实力最强的铁路线路综合服务商之一，是铁道部指定的铁路维修和基本建设用钢轨供应单位，是包钢钢轨在全国范围内最人的代理商，并与武钢、鞍钢、攀钢等大型钢轨制造企业有长期的业务往来。受铁道部委托，公司在包钢设有“铁道部驻包钢钢轨质量监督站”。线路产品覆盖轻轨、重轨、吊车轨、扣配件、道岔、轨枕、养护机械等。近年来，公司为青藏铁路、大秦铁路、太中银铁路、京津客运专线、武广客运专线等国家及地区重点工程线路供应了大量钢轨。随着我国铁路建设的大发展，该公司铁路线路业务量将逐年扩大。

铁路建设业务主要由铁路建设事业部负责。中新能源物资总公司，承担着铁道部部管全部九大类物资（包括钢材、水泥、桥梁支座、隧道防水板、杆柱、电缆、导线、承力索及轨道结构材料）的供应服务工作，包括部管物资的计划、招评标服务、合同及供应管理的具体实施。借款人依托母

</td></tr>
</table>

续表

公司的优势，在路桥建设、轨道建设、铁路专用建筑等国家重点项目中，利用集采专供的高效模式，积极参与国家的铁路建设事业。已经参与了大西线全线、北京西火车站、四川广元火车站、准朔线黄河特大桥、澜沧江大桥、新建杭州至长沙铁路客运专线江西段工程等重大项目的建设。

（二）市场业务

该借款人的市场业务包含钢材贸易及能源矿产两个业务板块。钢材贸易以华北市场为中心，面向全国辐射西北、华东地区，分别在津、沪、冀、晋、陕、苏、蒙、甘、鲁等地设有子、分公司18家，与首钢、包钢、济钢、河北钢铁集团、山东钢铁集团等国有大型钢铁制造企业签订年度购销协议，形成总部“统一采购，网点分散营销”，即集采分销的钢材贸易经营模式。能源矿产业务主要以煤炭、焦炭、矿石等资源型物资的代理业务为主，集中在钢材生产上下游的物资贸易领域，该公司充分利用自身的资源优势，开展大宗货物的商贸服务。同时，建立在现有铁路业务和市场业务基础上的国际业务、报关接运和能源矿产业务，完善了公司铁路业务、钢材贸易综合服务功能，并实现业务扩张和盈利能力的提高。

市场钢材业务主要由集采分销业务部、钢材经营一部及十余家子、分公司负责。多年来，该借款人依托雄厚的资本实力和销售实力，成为包钢、马钢、莱钢、济钢、唐钢、沙钢、邯钢、日钢等大型钢铁公司的战略合作伙伴。公司主要经营钢材品种：H型钢、热轧卷板、中厚板、工槽钢、钢坯、冷硬、钢轨、圆钢等。经营模式以现货为主，并充分利用资金优势开展定向购销业务，为下游提供金融物流服务。公司已成为全国最大的H型钢经销商，现阶段分别在华北、西北及华东地区设立了钢材销售网点18个。公司先后为首钢曹妃甸搬迁工程、中华世纪坛、国家大剧院、京九线、青藏线等国家或铁路重点工程供应各类钢材。

能源业务主要由能源矿产部负责。近两年借款人稳步实施母公司的战略，加大向煤炭、焦炭、矿石等资源型物资贸易市场扩张，加强资源掌控和贸易掌控能力，以实现向钢铁贸易上下游延伸。通过成为上游钢厂的物资供给方，可以增加在钢贸采购业务环节的话语权，实现与各方的互利共赢。

国际业务主要由国际贸易部负责。随着国家逐步放开对外贸易经营权的限制，借款人于2000年年末经国家有关部门批准获得对外贸易经营权，成立了进出口部，并于2011年更名为国际贸易部。几年来，借款人国际业务在出口钢材、进口钢材、煤炭、化工原料、矿石、电子产品方面形成了一定规模，与国内外近百家有实力的供货商、经销商、货代公司、仓储企业建立了稳定的合作关系。

在钢铁行业不景气的环境下，2012年年末的合并报表信息显示，公司资产总额51.3亿元，所有者权益5.66亿元，实现营业收入251.9亿元，净利润0.95亿元。资产规模和营业收入较2011年同期保持基本稳定。借款人作为中新能源物资股份公司下属的九家全资子公司中内管控能力、盈利能力和拓展能力最佳的标杆企业，致力于在铁路产业综合服务和钢铁贸易综合服务两个方面保持领先态势，加快业务转型升级，优化管理模式，积极培育核心竞争力，努力开拓市场，较好地完成了即定的经营任务。

续表

<table>
<tr><td>关联企业及客户</td></tr>
<tr><td>借款人作为一家物资流通企业，其日常经营有着流通企业的共性，利润的主要来源是购销差价。因此，掌握庞大和稳定的客户群体，保持和上游资源部门及供应商的良好关系，对公司的经营业绩至关重要。
借款人的主要供货单位包括中石油、中石化、包钢、首钢、鞍钢、莱钢、日照型钢、日照热轧、河北津西、长城润滑油、天津日实润滑油、五矿、天元锰业、南车集团、北车集团等国内大型生产商。其供货及时，产品质量有保证，与供货单位合作时间较长，信誉较好，且主要采用商业汇票和现款支付方式等进行货款结算。销售单位主要是铁道部所属的各铁路局和铁路工厂等，结算货款均纳入铁道部计划成本内，付款能力有保证。
借款人向银行申请的保兑仓回购担保业务模式的主要下游客户有：三河市新宏昌专用车有限公司、北京百汇怡翔科贸有限公司、北京普思超贸易有限公司、北京九鼎奥业商贸有限公司、北京金鑫聚源商贸有限公司、格林斯特（北京）国际贸易有限公司。</td></tr>
<tr><td>管理能力分析</td></tr>
<tr><td>该公司自 1983 年实行法人治理结构以来，始终不断探索，不断提高企业的市场竞争力。几十年来，在很好地完成系统内物资供应任务的同时，还借助与各生产企业的良好关系，积极进行系统外业务的开拓，自 1998 年开始进行钢材的业务销售，并在北京及其他城市建立了 12 个钢材销售市场、4 个经营部。该公司的钢材销量在市场中名列前茅，并与多家钢材生产企业建立了互惠互利、风险共担的业务合作关系，使公司近几年的业务量得到迅速提高，经营收入稳步增长，并弥补了系统内供应物资利润低的缺陷，进一步增强了企业的抗风险能力。</td></tr>
<tr><td>对管理机构制度的简短文字描述</td></tr>
<tr><td>通过以下三个方面进行描述
1. 内部控制制度：描述企业是否有完整的内部控制的组织架构和规章制度（包括法律法规、监察、内部审计等）。
2. 公司治理结构：描述企业是否有全面的治理结构的架构，包括股东大会、董事会、监事会、总裁、相关办公室和相关委员会。</td></tr>
</table>

续表

3. 公司是否有成文的未来战略规划。若有，简单描述。

该公司实行总经理负责制，下设包括审计部、人力资源部、法律事务部等十三个职能管理部门，并下设包括油品部、钢轨部等七个业务部门。建立并完善了部门经营责任制考核管理办法、资金使用审批制度等内部管理机制，将各项费用、成本、收入核算到人，可以分部门、分品种统计其经营成果，并与个人收入挂钩，不仅提高了员工的成本意识，还极大地提高了员工的工作积极性。同时，公司的重要决定均通过办公会集体表决实行，内部制度健全，管理严密。

北京公司战略定位：以铁路产业综合服务为核心，以钢材贸易为重点，打造多模式经营、可持续发展的商贸企业。

北京公司发展战略的核心思路：以强化和大力拓展铁路产业综合服务为核心，以拓展钢材业务终端及上游市场领域为重点，以提高产业链关键节点控制力为方向，以多模式经营为补充，以风险控制管理体系为保障。围绕核心资源和核心能力，以总公司发展战略规划为指引，将北京公司打造成为有较高盈利能力、能够抵御一定风险的多模式经营、可持续发展的二级商贸企业。

企业中长期发展规划

1. 远景规划目标

（1）在确保现有铁路业务份额的基础上，积极拓展铁路产业综合服务的地域和领域，努力将集采专供业务做专、做细、做透，争取成为总公司旗下最稳定、最优秀的铁路业务开展部门。

（2）在稳固现有钢材现货贸易辐射区域基础上，进一步纵向拓展市场，向钢铁行业的上游延伸，实现对产业链关键节点的业务扩张。

（3）以钢坯、煤炭、矿石、焦炭为切入点开展代理业务，扩大经营范围，培育新的业务种类，拓展销售渠道，探索营销模式，树立多品种、多渠道、多模式的创新型商贸企业形象。

（4）协同铁路、钢铁、代理业务，使国际业务与整体业务发展形成合力，积极拓展海外市场，扩大国际业务经营范围，利用国际资源实现对核心领域价值链的控制，为国内产业服务。

2. 五年发展目标

2009～2013 年北京公司的发展目标是：

（1）保持住在总公司系统内铁路物资供应业务所占比例，继续大力开发总公司分配任务之外的铁路物资供应市场，提高铁路产业综合服务能力。

（2）扩大钢材现货贸易在各个区域终端市场份额。

（3）以钢坯、煤炭、矿石、焦炭等品种为切入点，开展代理业务，使代理业务成为重要利润贡献点之一。

（4）在继续扩大公司经营规模的基础上，力争实现更高的经营指标。

（5）围绕总公司“一个中铁物资”的企业文化体系，强化凝聚力，培养大局观，提升员工从业幸福指数。

续表

第一还款来源分析 借款人财务分析（1）—财务简表								
资产负债简表结构和对比								
项目	2012年9月		2012年			2011年		
	数值（万元）	%	数值（万元）	%	同行业比例	数值（万元）	%	同行业比例
报表口径	合并		合并			合并		
是否已审计	否		否			是		
审计意见						无保留意见		
审计事务所名称						德勤华永会计师事务所		
总资产	642 241.20	100.00	513 031.36	100.00		563 342.01	100.00	
流动资产	621 435.77	96.76	491 955.30	95.89	0.00	541 609.00	96.14	0.00
货币资金	125 676.32	19.57	48 077.25	9.37	0.00	84 150.58	14.94	0.00
应收账款	107 063.88	16.67	32 443.97	6.32	0.00	47 704.65	8.47	0.00
其他应收款	4 645.90	0.72	22 655.84	4.42	0.00	7 004.61	1.24	0.00
存货	120 281.02	18.73	199 178.89	38.82	0.00	185 675.63	32.96	0.00
长期投资	8 419.42	1.31	8 553.46	1.67	0.00	8 310.76	1.48	0.00
固定资产净值	10 573.98	1.65	10 533.51	2.05	0.00	10 974.44	1.95	0.00
无形资产	7.14	0.00	21.21	0.00	0.00	8.44	0.00	0.00
流动负债	582 324.17	90.67	452 566.47	88.21	0.00	507 104.65	90.02	0.00
短期借款及一年内到期的长期借款	96 100.00	14.96	38 028.40	7.41	0.00	232 468.60	41.27	0.00
应付票据	298 377.73	46.46	187 075.11	36.46	0.00	0.00	0.00	0.00
应付账款	22 411.97	3.49	19 785.78	3.86	0.00	16 837.07	2.99	0.00
长期借款合计	0.00	0.00	0.00	0.00	0.00	0.00	0.00	0.00
所有者权益合计	55 152.26	8.59	56 654.50	11.04	0.00	52 145.55	9.26	0.00
实收资本	31 470.00	4.90	31 470.00	6.13	0.00	31 470.00	5.59	0.00
未分配利润和盈余公积	16 886.34	2.63	18 388.57	3.58	0.00	13 879.63	2.46	0.00

续表

损益表结构和对比								
项目	2012年9月		2012年			2011年		
	数值（万元）	%	数值（万元）	%	同行业比例	数值（万元）	%	同行业比例
主营业务收入净额	1 992 564.45	100.00	2 519 676.54	100.00		2 559 962.61	100.00	
主营业务成本	1 950 087.00	97.87	2 467 428.41	97.93	0.00	2 500 842.99	97.69	0.00
主营业务利润	41 723.09	2.09	51 069.91	2.03	0.00	57 949.31	2.26	0.00
营业费用	15 010.47	0.75	18 368.43	0.73	0.00	25 375.48	0.99	0.00
管理费用	5 308.16	0.27	8 608.15	0.34	0.00	10 185.66	0.40	0.00
财务费用	11 188.02	0.56	12 015.43	0.48	0.00	11 186.03	0.44	0.00
营业利润	10 606.85	0.53	12 602.36	0.50	0.00	15 334.33	0.60	0.00
利润总额	10 641.99	0.53	12 649.49	0.50	0.00	15 510.65	0.61	0.00
净利润	8 071.41	0.41	9 573.64	0.38	0.00	12 629.55	0.49	0.00

现金流			
项目	2012年9月	2012年	2011年
	数值（万元）	数值（万元）	数值（万元）
经营活动现金流入量	2 506 930.27	2 987 685.03	3 207 418.24
经营活动现金流出量	2 270 434.92	2 834 131.21	3 419 353.01
经营活动现金流净额	236 495.35	153 553.82	-211 934.77
投资活动现金流净额	-50 226.10	20 877.43	24 665.60
筹资活动现金流净额	-144 827.82	-208 619.96	210 603.11

续表

资产负债简表结构和对比							
项目	2011 年 11 月		2010 年			2009 年		
	数值（万元）	%	数值（万元）	%	同行业比例	数值（万元）	%	同行业比例
报表口径	本部		本部			本部		
是否已审计	否		是			是		
审计意见			无保留意见			无保留意见		
审计事务所名称			德勤			北京天华中兴会计师事务所		
总资产	626 687. 19	100. 00	375 003. 99	100. 00		280 701. 81	100. 00	
流动资产	595 738. 97	95. 06	342 945. 87	91. 45	0. 00	264 148. 94	94. 10	0. 00
货币资金	106 853. 65	17. 05	54 919. 35	14. 65	0. 00	91 373. 72	32. 55	0. 00
应收账款	127 653. 54	20. 37	117 059. 63	31. 22	0. 00	41 148. 07	14. 66	0. 00
其他应收款	22 259. 60	3. 55	2 153. 02	0. 57	0. 00	9 825. 09	3. 50	0. 00
存货	110 731. 77	17. 67	70 623. 22	18. 83	0. 00	10 087. 47	3. 59	0. 00
长期投资	18 633. 44	2. 97	19 682. 90	5. 25	0. 00	11 226. 13	4. 00	0. 00
固定资产净值	10 911. 49	1. 74	11 228. 27	2. 99	0. 00	4 756. 61	1. 69	0. 00
无形资产	6. 58	0. 00	0. 00	0. 00	0. 00	0. 00	0. 00	0. 00
流动负债	568 996. 16	90. 79	327 483. 40	87. 33	0. 00	247 752. 33	88. 26	0. 00
短期借款及一年内到期的长期借款	272 204. 93	43. 44	687. 60	0. 18	0. 00	0. 00	0. 00	0. 00
应付票据	189 443. 25	30. 23	165 280. 31	44. 07	0. 00	140 663. 44	50. 11	0. 00
应付账款	26 053. 91	4. 16	97 575. 10	26. 02	0. 00	26 791. 51	9. 54	0. 00
长期借款合计	0. 00	0. 00	0. 00	0. 00	0. 00	0. 00	0. 00	0. 00
所有者权益合计	54 286. 02	8. 66	44 411. 69	11. 84	0. 00	32 531. 35	11. 59	0. 00
实收资本	31 470. 00	5. 02	31 470. 00	8. 39	0. 00	7 325. 32	2. 61	0. 00
未分配利润和盈余公积	12 992. 40	2. 07	2 920. 60	0. 78	0. 00	22 838. 89	8. 14	0. 00

续表

损益表结构和对比								
项目	2011年11月		2010年			2009年		
	数值（万元）	%	数值（万元）	%	同行业比例	数值（万元）	%	同行业比例
主营业务收入净额	1 682 173.96	100.00	1 698 254.38	100.00		1 502 480.57	100.00	
主营业务成本	1 646 404.07	97.87	1 662 414.67	97.89	0.00	1 485 937.91	98.90	0.00
主营业务利润	35 049.56	2.08	35 256.61	2.08	0.00	15 955.51	1.06	0.00
营业费用	8 812.97	0.52	18 145.31	1.07	0.00	9 061.67	0.60	0.00
管理费用	6 717.44	0.40	7 707.26	0.45	0.00	5 167.56	0.34	0.00
财务费用	9 262.47	0.55	-1 730.11	-0.10	0.00	-3 480.87	-0.23	0.00
营业利润	13 946.74	0.83	16 326.50	0.96	0.00	6 162.61	0.41	0.00
利润总额	14 063.88	0.84	17 224.81	1.01	0.00	6 385.61	0.43	0.00
净利润	12 417.41	0.74	14 169.55	0.83	0.00	5 301.44	0.35	0.00

现金流			
项目	2011年11月	2010年	2009年
	数值（万元）	数值（万元）	数值（万元）
经营活动现金流入量	0.00	1 951 198.22	1 863 353.33
经营活动现金流出量	0.00	1 959 378.51	1 847 197.58
经营活动现金流净额	0.00	-8 180.28	16 155.75
投资活动现金流净额	0.00	-30 226.26	1 909.02
筹资活动现金流净额	0.00	-3 725.01	-7 617.48

续表

第一还款来源分析 借款人财务分析（2）—财务指标									
指标内容	指标名称	2012 年合并		2011 年合并		2010 年合并		平均值	
		企业	行业中位值	企业	行业中位值	企业	行业中位值	企业	行业
盈利能力	主营业务利润率（%）	2.03	0.00	2.26	0.00	2.29	0.00	2.19	0.00
	息税前营业利润率（%）	0.96	0.00	0.87	0.00	0.65	0.00	0.83	0.00
	总资产收益率（%）	1.78	0.00	2.68	0.00	3.50	0.00	2.65	0.00
	净资产收益率（%）	17.60	0.00	26.79	0.00	31.08	0.00	25.15	0.00
经营效率	存货周转天数（天）	28.08		21.43		18.10		22.54	
	应收账款周转天数（天）	7.28		12.39		16.35		12.01	
	应付账款周转天数（天）	15.98		20.31		44.72		27.00	
	总资产周转率（%）	468.18	0.00	542.30	0.00	532.17	0.00	514.22	0.00
流动性和短期偿债能力	盈余现金保障倍数	16.04		-16.78		-0.68		-0.48	
	留存现金流与总资本支出比	958.73		-593.73		-21.49		114.50	
	长期资产适合率（倍）	2.87		2.59		2.13		2.53	
	息税前利润利息保障倍数	2.01		2.00		100.00		34.67	
	流动比率（倍）	1.09		1.07		1.07		1.08	
	速动比率（倍）	0.25		0.35		0.59		0.40	
长期偿债能力	资产负债率（%）	88.96	0.00	90.74	0.00	88.93	0.00	89.54	0.00
	调整后的资产负债率（%）	88.96	0.00	90.74	0.00	88.93	0.00	89.55	0.00
	总有息债务/留存现金流（倍）	0.30		-1.06		-0.57		-0.45	

续表

指标内容	指标名称	2010年本部		2009年本部		2008年本部		平均值	
		企业	行业中位值	企业	行业中位值	企业	行业中位值	企业	行业
盈利能力	主营业务利润率（%）	2.08	0.00	1.06	0.00	2.37	0.00	1.84	0.00
	息税前营业利润率（%）	0.55	0.00	0.11	0.00	0.87	0.00	0.51	0.00
	总资产收益率（%）	4.32	0.00	1.85	0.00	5.05	0.00	3.74	0.00
	净资产收益率（%）	36.83	0.00	15.78	0.00	46.77	0.00	33.13	0.00
经营效率	存货周转天数（天）	8.74		5.69		11.16		8.53	
	应收账款周转天数（天）	21.44		11.67		8.41		13.84	
	应付账款周转天数（天）	45.61		40.15		43.41		43.05	
	总资产周转率（%）	517.99	0.00	524.10	0.00	519.49	0.00	520.53	0.00
流动性和短期偿债能力	盈余现金保障倍数	-0.58		3.05		3.25		1.91	
	留存现金流与总资本支出比	-21.11		134.28		43.36		52.18	
	长期资产适合率（倍）	1.48		1.99		1.84		1.77	
	息税前利润利息保障倍数	100.00		100.00		13.62		71.21	
	流动比率（倍）	1.05		1.07		1.06		1.06	
	速动比率（倍）	0.69		0.67		0.49		0.61	
长期偿债能力	资产负债率（%）	88.16	0.00	88.41	0.00	88.16	0.00	88.24	0.00
	调整后的资产负债率（%）	88.16	0.00	88.41	0.00	88.16	0.00	88.24	0.00
	总有息债务/留存现金流（倍）	-0.59		0.00		0.03		-0.19	

续表

<table>
<tr><td colspan="4">第一还款来源分析
借款人总体评价</td></tr>
<tr><td>借款人的客户经理模型评级</td><td>AA 级</td><td>客户经理认为合理的借款人评级结果</td><td>AA 级</td></tr>
<tr><td colspan="4">借款人财务分析总结</td></tr>
</table>

本次授信申请采用的是2012 年12 月的年报，因审计报告会计师事务所于3 月才能出具审计报告，因此该报表并未经审计。

一、企业规模分析

借款人经过30 多年的专业化经营，现已发展成为一家总资产超过50 亿元、年销售收入超过200 亿元的大型商贸流通企业。在中新能源物资股份公司所属的9 个全资子公司中，借款人的销售规模最大，效益最佳。

近年来销售规模增长概况　　单位：万元、%

年度	销售收入	增长率	净利润	增长率
2010 年	1 829 583	16. 90	12 041	115. 80
2011 年	2 559 962	39. 90	12 629	10. 00
2012 年	2 519 676	-1. 57	9 573	-24. 20

近年来资产变动概况　　单位：万元、%

年度	流动资产	增长率	所有者权益	增长率	总资产	增长率
2010 年	359 555	22. 80	42 148	19. 30	380 770	24. 10
2011 年	541 609	50. 63	52 145	23. 72	563 342	47. 95
2012 年	491 955	-9. 17	56 654	8. 65	513 031	-8. 93

近几年在国家加快发展铁路运输基础设施、固定资产投资快速增长的背景下，借款人经营规模迅速扩大。首先，从销售规模变化来看，借款人的销售收入从2007 年的109. 16 亿元增加到2012 年末的251. 96 亿元，较上年减少1. 57%。2012 年，公司受钢材价格持续走低，钢贸市场低迷的影响，依旧保持了较为稳定的业务增长，这主要归因于铁路业务的支撑及自营业务的快速发展，公司的自营业务收入已超过了铁路业务收入所占比重。近几年，公司通过大力开展混业经营，提高自营业务占比，并通过集采分销的业务模式，降低业务成本等方式，为公司在市场环境恶化的情况下增加利润来源，规避市场风险，保证业务顺利开展奠定了良好的基础。其次，从资产规模变化来看，借款人总资产从2007 年的31 亿元增加到2012 年末的51. 3 亿元；企业资产增加的主要原因：一是借款人销售收入快速增长带来的资产规模的扩大。从财务数据来看，总资产增加主要是流动资产大幅增

续表

加，而流动资产增加与借款人近年来经营规模扩大相吻合。二是2010年总公司进行整体改制，发起设立股份公司，并将持有的本公司股权经评估后作为出资投入到股份公司，变更了注册资本金，带来所有者权益的上升。

借款人2012年末的总资产为51.3亿元，较上年减少5.03亿元，主要原因：一是在母公司准备上市的大背景下，下属子公司降低资产负债率，压缩了业务规模。在资产方面，货币资金较年初减少了7.9亿元，应收票据减少1.74亿元，存货增加1.35亿元。在负债方面，借款人2012年末的负债规模为45.63亿元，比年初减少了5.45亿元，减少了10.72%。其中流动负债45.25亿元，占负债总额的99.1%。其中短期借款、应付票据、应付账款、预收账款四项占流动负债的比例为84%。短期借款较年初减少了19.44亿元，应付票据、应收账款、预收账款较年初分别增加了3.79亿元、0.29亿元、3.55亿元。其他应付款较上年增加了5.96亿元。由于借款人降低资产负债率，归还了借款，增加了银行承兑汇票的使用，借款人的应付票据大量增加。

二、盈利能力分析和营运能力

通过对比近年来企业销售、利润情况，可以发现该企业具有以下特点：主营业务收入和利润快速增长，但净利润增幅受累于财务费用的剧增。

借款人销售收入在2011年和2010年迅速增长后，在2012年趋于稳定。受2012年钢材价格持续下跌，市场环境持续恶化的影响，公司2012年的销售收入、销售利润及净利润都有下降，尤其是净利润下降了24.2%。该借款人主营业务利润率为2.03%，总资产收益率为1.78%，净资产收益率为17.6%，较2011年分别减少了0.23个、0.96个、9.19个百分点。销售收入并未有大幅下降的原因是，借款人在推进混业经营的战略下，在铁路业务供应量下降的情况下，大力开展自营和定向购销的市场业务，同时在钢材贸易外发展了煤炭、水泥、电子元器件的经营。由此增加了销售收入，增加了利润来源，但在整体市场环境的影响下，利润空间不断降低，利润率较2011年大幅降低。2012年及2011年的净利润增长减缓并出现负值，另一个重要原因是年财务费用高企，2012年的财务费用达到1.2亿元，其中利息支出达到1.24亿元，借款人在2012年归还了利率较高的贷款，大幅度减少了短期借款，并通过母公司借款的方式来降低融资成本。但在贸易行业资金需求量大，社会整体资金面趋紧，贷款利率维持在较高水平的情况下，财务费用依旧比2011年增加了830万元，而且这种情况在2013年将继续维持。

借款人2012年的存货为19.9亿元，较年初增长1.34亿元，应收账款为3.24亿元，较年初减少1.53亿元，应付账款1.97亿元，较年初增长0.29亿元。借款人的存货周转天数为28.08天，应收账款周转天数为7.28天，应付账款周转天数为15.98天，具有较好的营运效率。该公司在经营中始终把现金流看做是企业的生命线，因此，日常经营能够做到不赊销、不压货、保周转的原则，实现了资产的合理周转、资金的有效应用。

总体而言，借款人在2012年市场环境恶化的情况下，保持了良好的营运效率，维持了较为稳定的销售收入和利润水平，具备良好的盈利水平和营运能力。一是加大铁路业务供应，提高业务规模，并能保障稳定的业务利润。该公司经营的竞争优势主要来自于对铁路物资供应的相对垄断，铁

续表

路建设用钢材以及维修用钢材用量大，同时在确认供应时即明确了利差，不因市场价格波动而波动。二是在自营业务中减少现货供应，加大委托上代理业务，将价格提前锁定，适当降低利差空间，不承担价格风险，有效地规避了价格波动形成的损失。三是直接对接供应商与下游需求用户，提高定向购销的比例，通过减少中间环节，准确把握市场需求，及时了解行业动态，并扩大终端用户群。四是其母公司于2009年开始对体系内业务方式进行了调整，采取总对总合作，即由原来的各公司分散采购变为集中采购，进一步降低了采购价格，同时与钢厂约定了风险共担的机制，即如遇价格下跌，钢厂将承担50%的损失，合理控制经营风险。2013年在铁路建设、房地产投资及城镇化的预期下，钢材市场预计回暖，钢材价格企稳回升，借款人在2013年的销售收入及利润将继续稳定增长。

借款人的销售收入和利润构成均分为三大块。收入构成主要为：铁路系统专项供应，占比33%；自营业务，占比59%；定向购销，占比8%。利润构成主要为：铁路系统专项供应，占比41%；自营业务，占比43%；定向购销，占比16%。可见铁路系统专项供应的利润比较稳定，自营业务利润不够理想，定向购销的利润可观。

三、短期偿债能力及现金流分析

从流动性和短期偿债的财务指标来看，借款人2010～2012年长期资产适合率分别为2.13、2.59、2.87；流动比率为1.07、1.07、1.09；速动比率分别为0.59、0.35、0.25；从绝对值上看，企业的短期流动性较好，短期偿债能力正常，有效地保障了企业的短期偿债能力。该借款人近两年来速动比率较低，主要原因是：一是该公司的订货需要100%预付全款，随着经营规模的增加，预付款也随之增加；二是预收、预付款的同比增长造成流动负债增加，资产方的可变现资产减少，导致测算速动比率降低。但符合该借款人的钢贸的经营模式，不影响该公司的偿债能力。

分析企业现金流量表可知，企业现金流呈现以下特点：

2012年借款人现金及现金等价物净增加额－3.43亿元，其中经营活动现金净流量为15.35亿元，投资活动现金净流量为2.08亿元，筹资活动现金净流量为－20.86亿元。公司现金及现金等价物增加额出现负值的主要原因是，2012年借款人偿还债务支付的现金为85.66亿元，较2011年增长了52.56亿元，尽管取得借款收到的现金较2011年增加了10.17亿元，但整体筹资活动现金流出增长了42亿元。借款人2012年末经营活动产生的现金流量净额为15.35亿元，较2011年的－21.19亿元有显著提高。从实际情况来看，经营现金流入296亿元，较2011年减少21亿元，但经营现金流出较2011年减少了62.51亿元。在经营中，借款人增加了银行承兑汇票的使用量，提高了预收账款和其他应付款的比例，并保持了较为稳定的存货。

四、长期偿债能力分析

从长期偿债指标来看，借款人2010～2012年的资产负债率分别为88.93%、90.74%和88.96%。母公司为了达到上市的要求，严格控制资产负债率，借款人在2012年压缩规模，偿还贷款，最终将资产负债率降低到了90%以下。

续表

借款人资产负债率长期较高的主要原因是：其一，借款人作为老国有商贸企业，国家原始投入较少，通过2010年股份公司改制以后，其实收资本由原来的7 325.32万元增加到3.14亿元，企业近年来的快速发展主要靠自身积累和外部融资支撑，因此企业资产负债率相对较高。其二，近年来，在国家宏观政策支持下的铁路建设蓬勃发展、钢材市场也蓬勃发展，借款人抓住市场机遇，不断扩大市场份额，经营出现快速增长，企业负债规模的增加与经营的增长相匹配。 **五、客户评级** 借款人在钢材市场持续萎缩的情况下，积极进行业务经营方式的调整，降低现货市场的经营，增加定向购销业务量，保障了经营规模的持续增长，虽然利润水平有所下降，但由此看出该公司应对市场变化能力较强，并能合理控制风险，保持盈利。另外，该公司在经营中始终把现金流看做是企业的生命线，因此，日常经营始终坚持自营业务不赊销、不投机、保周转的原则，确保了优良的资产质量，保障了正常的经营现金流量，实现了资产的合理周转，有效地应对了当前的市场风险。为应对钢贸市场需求逐步下降的问题，该公司又增加了钢坯业务、彩钢板业务、矿石业务，同时加大铁路建设物资供应，以分散经营风险，保障公司业务的快速、持续发展。 总体而言，借款人集团背景实力雄厚，管理规范，资产优良，主营业务突出，收入和利润增长性良好，融资能力强，符合银行授信条件。客户经理给予的评级为AA级。
借款人总体评价
借款人作为一家以经营铁路专供物资为主的流通企业，隶属于中新能源物资股份有限公司。近年来，在国家铁路大建设的宏观政策下，企业发展迅速。在2012年钢贸市场环境恶劣的情况下，借款人积极推进集团战略，迅速实施业务调整，找准自身的市场定位，强化财务管理，实现了全年业务的稳定开展，2012年末借款人资产总额为51.3亿元，实现主营业务收入251.96亿元，净利润0.95亿元。 借款人自1998年开始与××银行建立业务联系，近年来经过××银行的积极营销，对银行的认同度不断提高，合作日趋紧密。从近年来合作情况来看，企业累计在××银行开立银行承兑汇票70亿元，到期均按时承付，对银行的综合回报率较高，成为××银行支撑性的对公客户之一，与××银行结成了长期稳定的战略合作伙伴关系。在2011年和2012年，××银行大力营销了该借款人的国际业务，其中进口开证、押汇、TT等业务的年结算量在3 000美元以上。 现有授信即将到期，经过××银行与借款人的反复沟通协商，详细调查分析，××银行针对借款人经营变化和实际需求，申请续做授信额度10亿元，其中8亿元主要用于物资商品采购、项目投标履约以及临时经营性流动资金周转；2亿元用于借款人向其推荐额度内的下游买方提供回购担保。授信内业务包括：流动资金贷款8亿元（可按规定串用），保兑仓回购担保额度2亿元，用于向借款人推荐额度内的下游买方提供回购担保。上述业务额度可循环使用。此次授信方式申请为信用。 针对此次授信申请，银行对借款人进行了深入细致的调查，并得出以下结论：

续表

一、公司主营业务突出，专业性强，积极调整业务结构，创造新的利润增长点

随着2013年铁路建设的回暖，公司传统主营业务，即铁路系统专项供应仍有一定的发展空间，虽然该项业务相比于市场业务单位利润较薄，但借款人经营该业务的经验丰富，且业务基础较大，利润依然可观。另外，基于该业务特有的销售模式以及结算方式，下游需求较为刚性，产品价格平稳，波动较小，产生坏账的可能性较小，因此风险相对较小，能够保持较为稳定的利润，有助于企业在经济动荡中维持正常经营。为了对抗钢材市场的价格波动，以及近年宏观调控力度的加强，行业经营压力加剧，该公司集团内部从2009年初期进行了体系内业务方式的调整，采取总对总合作，即由原来的各公司分散采购变为集中采购，进一步降低了采购价格，同时与钢厂约定了风险共担的机制，即遇价格下跌，钢厂将承担50%的损失，合理控制经营风险。

同时，该公司在经营中始终把现金流看做是企业的生命线，因此，日常经营能够坚持不赊销、不压货、保周转的原则，实现了资产的合理周转、资金的有效应用。该公司依托铁路业务的优势，将铁路业务与自营业务相结合，在全国建有11个钢材现货点，直接联系供应商与下游需求用户，通过减少中间环节，准确把握市场需求，及时了解行业动态。多年来，由于该公司始终坚持市场业务经营不赊销，确保了优良的资产质量，并逐步提高盈利能力。近年来，由于钢材市场的需求下降，该公司又增加了钢坯和矿产业务，以分散经营风险，保障公司业务的快速、持续发展。

借款人于1998年开始，在抓好传统业务的同时，积极拓展市场业务，主要是钢贸业务。2010年以来，在实施母公司业务向钢贸上下游延伸的战略过程中，又开展了矿石、煤炭、水泥、电子元器件等资源品的定向代销业务，扩展业务渠道，不断探索新的收入增长点和利润来源，在2012年取得了较好的成绩。借款人的利润构成主要是三大块，即铁路系统专项供应，占比33%；自营业务，占比59%；定向购销，占比8%。

二、公司背景优势显著，具有市场竞争优势

借款人是其母公司下属的九家全资子公司中内管控能力、盈利能力和拓展能力最佳的标杆企业，诚实守信，一直以来是各家银行争先营销的优质客户。借款人凭借多年的业内经验和争取铁路运力的优势，与上游钢厂关系良好，在资源紧缺时能争取到资源和有利的付款条件。在市场价格大幅波动时能够得到钢厂的价格支持，相对于其他中间商的竞争优势明显。借款人的主要供货单位包括中石油、中石化、包钢、首钢、鞍钢、莱钢、日照型钢、日照热轧、河北津西、长城润滑油、天津日实润滑油、五矿、天元锰业、南车集团、北车集团等国内大型生产商，供货及时，产品质量有保证，双方合作时间较长，信誉较好，且主要采用银行承兑汇票进行货款结算。销货单位主要为铁道部所属的各铁路局和铁路工厂等，结算货款均纳入铁道部计划成本内，付款能力有保证。

三、实际控制人的实力雄厚，有力地支持了借款人的业务发展

借款人的实际控制人中新能源物资总公司为央属特大型商贸流通企业、金属批发行业的龙头企业，近年来受益于国家铁路大建设，总公司得到了飞速发展。2010年9月20日，总公司联合其下属子公司中铁物总投资有限公司（以下简称中铁物资）设立了中新能源物资股份有限公司（以下简

续表

称股份公司），并以现金方式完成了首次出资；2010 年 12 月 14 日，又完成了对股份公司的第二次出资，标志着中铁物资整体重组改制的全面完成。经过本次重组改制，中铁物资将主营业务及相关资产全部纳入股份公司范畴，纳入股份公司的资产占总公司资产的 99% 以上，实现了中铁物资的整体重组改制，并设立股份公司的战略目标。借款人也由原公司变更为中新能源物资成都有限公司。通过重组改制，总公司梳理了资产，进一步明晰了产权关系，勾划了业务板块，优化了资产结构，建立了公司制的现代法人治理结构，为股份公司后续发行上市奠定了坚实的基础，计划 2012 年启动上市计划。

总公司在借款人的经营发展中起着至关重要的作用，不仅与借款人的重要销售终端用户——铁道部直接链接，还负责对日常运输、资源厂商代理权的分配、销售资金回流等环节进行协调沟通。总公司代表铁道部运输局负责铁路物资招投标工作的组织工作，以及合同的执行、结算、物资配送等。总公司还与全国众多厂商建立了良好、深厚的贸易伙伴关系，已与 100 多家资源厂商签订了代理协议，并成为国内钢轨、车轮、轮箍、车轴等重要专用物资生产厂家的全国总代理。在钢材业务方面，该公司并不进行实际的钢材经营，而是代理下级 14 家子公司进行集中采购，采用“集采分销”的战略。大额订单方式提升了其与上游企业的谈判地位，保证了货源，降低了采购成本。在进出口业务方面，总公司同 40 多个国家和地区的厂商建立了广泛的贸易合作关系，承担铁道部利用外资贷款招标采购原材料的工作；组织全国铁路物资进出口贸易。

近年来，借款人在总公司的大力支持下，积极探索新的收入和利润来源，在铁路专项供应规模逐渐下降和自营业务利润不够稳定的情况下，将矿石和煤炭等资源品的定向购销业务作为未来的发展重点。同时，总公司向借款人提供了大量低利率内部贷款，有力地支持了借款人的业务发展。

四、财务状况良好，财务运营健康，还款能力较强

从借款人历年的财务报表来看，各项财务指标，包括盈利性、经营效率、长短期偿债能力、资产质量等都显示公司正处于持续发展阶段。近年来，公司严格按照新会计制度对存货和应收账款分类进行了计提拨备，在消化了潜亏的同时，为企业长期稳健经营打下了良好的基础。针对稍弱的利润率指标，公司明确提出加强成本控制、扩大市场销售份额、提高利润率的对应策略，并从成本、费用等方面严格控制，达到“开源节流”的效果。

近三年该公司营业收入及利润较之前有放缓的趋势，主要原因是铁路业务供应量的下降，其次是在多年高速增长的情况下业务规模已达到一定水平，很难再维持快速的增长。在 2013 年，综合市场环境的预期及公司发展的阶段财务状况、经营业绩将较 2012 年保持稳定增长，还款能力持续提高。

五、融资渠道畅通、历史合作状况良好

借款人股东背景强大，实力雄厚，诚实守信，融资能力较强，一直以来是各家银行争先营销的优质客户。

综上所述，因借款人原授信即将到期，银行通过深入调查分析，认为借款人资信状况优良，第一还款来源充足，未来发展趋势明朗，符合银行授信政策和续做条件，根据企业的融资需求，为其设计了新的授信方案和产品组合，以期实现银企的持续全面合作。

续表

主办客户经理意见
对借款申请人的行业情况、产品市场情况、经营情况、管理能力、财务状况、与银行合作情况、担保能力等作全面分析总结，并得出如下结论： 1. 列出本次授信的优势和劣势； 2. 对本次授信的风险是否可控以及效益与风险能否平衡作出明确的判断； 3. 就相关风险隐患提出具体的防范措施。 基于上述分析，银行同意为中新能源物资北京有限公司提供综合授信额度 10 亿元，期限 1 年，采取信用方式，其中流动资金贷款 8 亿元，保兑仓回购担保额度 2 亿元，申请为单一额度管理模式。

授信方案						
额度类型	公开授信额度		授信方式	综合授信额度		
授信额度（万元）	100 000. 00		授信期限（月）	12		
授信品种	币种	金额(万元)	保证金比例	期限(月)	利/费率	是否循环
流动资金贷款	人民币	80 000. 00		12	按银行规定执行	是
保兑仓回购担保	人民币	20 000. 00		12	按银行规定执行	是
贷款性质	新增	本次授信敞口（万元）		100 000. 00	授信总敞口（万元）	100 000. 00
担保方式及内容	信用					
授信风险分类	正常二级		预计损失金额			

附录三

新大建设集团有限公司自偿性融资方案

<table>
<tr><td colspan="8">借款人基本信息</td></tr>
<tr><td>客户组织机构代码</td><td>72049720－3</td><td colspan="2">客户名称</td><td colspan="4">新大建设集团有限公司</td></tr>
<tr><td>是否新客户</td><td>否</td><td colspan="6">客户经理认为合理的评级结果</td></tr>
<tr><td>国标行业门类/大类</td><td colspan="3">E建筑业/E47房屋建筑业</td><td>行业分类</td><td colspan="3">E4700房屋建筑业</td></tr>
<tr><td>国标实际投向</td><td>E4700房屋建筑业</td><td colspan="2">投向补充行业分类</td><td></td><td colspan="2">银行投向大类</td><td>10—建筑</td></tr>
<tr><td>注册资本（万元）</td><td>36 220.00</td><td>币种</td><td>人民币</td><td>实收资本（万元）</td><td>36 220.00</td><td>币种</td><td>人民币</td></tr>
<tr><td colspan="2">企业规模（按国家标准）</td><td colspan="2">大</td><td>成立时间</td><td colspan="3">1958/01/01</td></tr>
<tr><td colspan="2">主营业务</td><td colspan="6">房屋建筑工程总承包；地基与基础工程、钢结构工程、预应力工程、市政工程、高耸构筑物工程、预拌商品混凝土工程施工；机械施工；水电、机电及工业设备安装；建筑工程检测试验、测绘。</td></tr>
</table>

贷款用途：授信用途应具体而明确，且授信品种应与授信用途和付款方式相对应。如果本次申请一类集团客户总额度，并且能够细分，则在此列出各成员公司的额度分配表。如果是成员公司领用一类集团客户总额度，则在此说明一类集团客户总额度的批复以及已用和可用额度。

企业保函额度申请10 000万元（其中保证金为10%），主要用于企业工程投标、工程履约等。由于企业每年承接的工程较多，投标、履约类保函需求量大，在与银行合作的2008年和2009年两年内，企业对银行保函业务的质量和效率满意，保函业务基本都在银行发生，企业当时在银行年保函量在7 000万～8 000万元，每年给银行带来近40万元的中间业务收入。

另外，企业申请8 000万元的商业票据担保额度，对其开立的商业票据进行担保。由上游企业拿商业票据到银行质押换开银行票据，商业票据到期后省二建作为商业票据的第一还款人。该额度适用于对供应商的批量额度领用。

由于该公司杭州母公司和建设银行进行战略合作，要求下属所有企业主要以建设银行为合作单位，所以省二建和银行中断合作近3年，期间省二建一直认可××银行的保函业务，也在积极和母公司协商，母公司在2013年信贷规模紧张的情况下，放松了对下属子公司贷款的限制，所以此次我部再次提出保函业务申请，以银行优势产品再次进入企业合作银行体系。另外，从中小企业发展的角度考虑，银行提出以省二建作为核心企业，对其上游企业进行融资，以省二建的商业票据作为上游企业融资凭证，在风险可控的前提下发展中小企业客户数。

续表

贸易融资业务方案：
提款及还款方式：提款与还款方式应该与客户的资金需求匹配，明确一次或多次提款，一次或多次还款，以及提款与还款的大致时间。 根据企业的实际情况开立保函，以完工进行保函履约；根据总行方案认定省二建上游企业，对其持有的商票进行贴现等融资，商票到期后由省二建归还商票资金。

借款人关系发展计划
填写准备向该客户提供新产品、金融服务的工作计划。 此客户与我部关系良好，在业务合作上有较大的空间，企业曾经绝大多数的保函都在××银行办理，年开立的保函量非常大，为银行带来不少中间业务收入。在中断合作近3年的情况下，我部再次和企业建立信贷联系，希望借助保函业务进入企业合作银行名单，逐步扩大和企业的合作面。

第一还款来源分析 借款人经营情况分析
借款人经营情况总体描述
新大建设集团有限公司的前身是浙江省第二建筑工程公司及其改制而成的浙江中兴建设有限责任公司，创建于1958年。该公司是建设部首批施工总承包一级企业，已成为总承包特级资质企业、全国建筑业综合实力百强企业、全国500家最大经营规模建筑施工、全国房屋建筑业最大经营规模百强企业、全国建筑业最佳经济效益百强企业，拥有钢结构工程、高耸构筑物工程、地基与基础工程等十多个领域二十多项资质。 在此需要提及的是，新大建设集团有限公司的股东之一为浙江省建设投资集团有限公司，我杭州银行对其进行了30亿元的额度授信，可见，作为国有背景的大型企业，银行对其支持力度还是相当大的。 新大建设公司实力雄厚，技术先进，创新能力强，拥有各类专业技术人员1 000多人，一级项目经理（一级注册建造师）100多人，拥有与企业生产能力相适应的大型施工机械和检测设备1 000台。具有总承包各类建筑、安装、装潢、高耸构筑物、钢结构以及市政等工程的施工管理和科技开发应用等综合能力，尤其在电厂、电化、烟塔、深基坑等方面拥有全国领先技术，在这些领域的浙江省内项目，几乎都由新大建设公司承接。 新大建设公司建立了科学的管理体系，大力实施品牌战略。在全国建筑业中首家通过质量管理体系认证；在浙江省建筑业首家通过环境管理体系认证；并通过包括职业安全健康管理体系在内的三大体系联合认证。1984年在浙江省第一家获得中国建筑最高奖“鲁班奖”，至今已获得“鲁班奖”五项，国家优质工程银质奖四项，钱江杯等各级省、部优质工程100余项。

续表

<table>
<tr><td colspan="4">在一个个奖项背后，树立着一个又一个的优质工程。近几年承建的大型工业建筑有：北仑发电厂2#机主厂房、嘉兴发电厂一期主厂房、镇海炼化300万吨/年催化裂化装置、温州发电厂一期工程等一系列优质工程。
承建高档次的综合性建筑有：宁波华联商厦、宁波港商务大厦、宁波坤和中心、舟山港务大厦、杭州广利大厦、台州广播电视中心、上海之江大厦、宜昌国税大楼等工程。
规模较大的住宅小区有：镇海怡江华庭、杭州通策·和睦院一期、宁波丽江新都、上海家天下别墅、萧山加州阳光小区等工程。
近50年来，新大建设公司秉承“创造经典，追求卓越”的企业宗旨，以诚信为本、以顾客为先，在建筑领域创造了不凡的业绩，树立了良好的市场形象，连续多年被评为省、市文明单位和资信AAA企业、守合同重信用企业，先后荣获几十项全国、省级先进荣誉称号。一大批职工荣获全国、部级、省级劳模和优秀项目经理等荣誉称号。</td></tr>
<tr><td colspan="4">重大事项</td></tr>
<tr><td colspan="4">描述借款申请人已经或将要发生的重大事项，及其对企业资金、效益以及竞争力等方面的影响。重大事项包括重大重组改制、重大建设项目、重大或有项目或对外担保责任风险、重大法律诉讼、重大事故与赔偿等。
无</td></tr>
<tr><td colspan="4">供应渠道分析</td></tr>
<tr><td></td><td>前三名供应商（按金额大小排名）</td><td>金额（万元）</td><td>占全部采购比率（%）</td></tr>
<tr><td>1</td><td>杭州翔盛建材有限公司</td><td>8 000</td><td>1.3</td></tr>
<tr><td>2</td><td>宁波宝驰钢铁销售有限公司</td><td>8 000</td><td>1.3</td></tr>
<tr><td>3</td><td>南方华能实业开发股份有限公司</td><td>7 500</td><td>1.2</td></tr>
<tr><td colspan="4">供应商总体评价，从供货质量价格、供货稳定性、付款条件等方面对供应商进行描述。
供应商主要是建材企业，长期合作的建材企业较多，关系都较为稳定。在供应商中口碑良好。企业项目分散，供应商不固定，所以单个供应商在供应体系内所占比例不高。</td></tr>
<tr><td colspan="4">销售渠道分析</td></tr>
<tr><td></td><td>前三名销售商（按金额大小排名）</td><td>金额（万元）</td><td>占全部销售比率（%）</td></tr>
<tr><td>1</td><td>宁波新乐电器有限公司迁建工程</td><td>23 770</td><td>3.8</td></tr>
<tr><td>2</td><td>宁波市妇儿医院北部院区一期项目</td><td>23 516</td><td>3.8</td></tr>
<tr><td>3</td><td>江东城市综合一体商务，金融及产业大楼</td><td>19 889</td><td>3.6</td></tr>
<tr><td colspan="4">销售商总体评价，从销售价格、稳定性、付款条件等方面对销售商进行描述。
新大建设公司与浙江省建委有着密切的关系，浙江省内大型的电厂工程项目和大型石化类项目大多由二建承建。企业主要通过招投标来实现承建工程，所以企业没有固定的销售商，也就是甲方，需要通过中标来确定甲方单位。</td></tr>
</table>

续表

第一还款来源分析 借款人财务分析（1）—财务简表								
资产负债简表结构和对比								
项目	2012年9月		2011年			2010年		
	数值（万元）	%	数值（万元）	%	同行业比例	数值（万元）	%	同行业比例
报表口径	合并		合并			合并		
是否已审计	否		是			是		
审计意见			无保留意见			保留意见		
审计事务所名称			天健会计师事务所			天健会计师事务所有限公司		
总资产	289 829.88	100.00	290 448.22	100.00		251 071.34	100.00	
流动资产	260 616.94	89.92	262 283.97	90.30	0.00	228 206.66	90.89	0.00
货币资金	21 269.86	7.34	31 111.58	10.71	0.00	23 468.90	9.35	0.00
应收账款	73 023.75	25.20	68 282.37	23.51	0.00	64 365.28	25.64	0.00
其他应收款	48 265.93	16.65	24 368.69	8.39	0.00	36 096.00	14.38	0.00
存货	92 734.07	32.00	88 466.87	30.46	0.00	70 326.42	28.01	0.00
长期投资	1 102.53	0.38	602.53	0.21	0.00	602.53	0.24	0.00
固定资产净值	16 066.81	5.54	16 507.72	5.68	0.00	16 304.70	6.49	0.00
无形资产	7 714.52	2.66	7 857.88	2.71	0.00	4 827.13	1.92	0.00
流动负债	226 722.02	78.23	228 544.48	78.69	0.00	194 913.13	77.63	0.00
短期借款及一年内到期的长期借款	16 100.00	5.55	14 300.00	4.92	0.00	8 300.00	3.31	0.00
应付票据	22 269.12	7.68	17 289.50	5.95	0.00	8 581.40	3.42	0.00
应付账款	103 819.05	35.82	106 711.06	36.74	0.00	92 407.93	36.81	0.00
长期借款合计	1 700.00	0.59	1 700.00	0.59	0.00	7 300.00	2.91	0.00
所有者权益合计	55 545.16	19.16	47 454.86	16.34	0.00	43 860.04	17.47	0.00
实收资本	36 220.00	12.50	36 220.00	12.47	0.00	36 220.00	14.43	0.00
未分配利润和盈余公积	5 348.88	1.85	3 278.59	1.13	0.00	1 146.39	0.46	0.00

续表

损益表结构和对比								
项目	2012年9月		2011年			2010年		
	数值（万元）	%	数值（万元）	%	同行业比例	数值（万元）	%	同行业比例
主营业务收入净额	442 548.47	100.00	549 306.99	100.00		470 733.96	100.00	
主营业务成本	412 543.07	93.22	513 921.12	93.56	0.00	443 224.52	94.16	0.00
主营业务利润	16 573.45	3.75	16 878.41	3.07	0.00	13 772.91	2.93	0.00
营业费用	341.36	0.08	893.66	0.16	0.00	313.07	0.07	0.00
管理费用	9 845.69	2.22	9 452.80	1.72	0.00	7 641.98	1.62	0.00
财务费用	752.42	0.17	438.27	0.08	0.00	547.05	0.12	0.00
营业利润	5 647.23	1.28	6 152.35	1.12	0.00	5 390.79	1.15	0.00
利润总额	5 509.31	1.24	6 376.37	1.16	0.00	5 203.50	1.11	0.00
净利润	4 135.01	0.93	4 705.78	0.86	0.00	3 733.51	0.79	0.00

现金流			
项目	2012年9月	2011年	2010年
	数值（万元）	数值（万元）	数值（万元）
经营活动现金流入量	0.00	551 142.89	500 140.13
经营活动现金流出量	0.00	542 786.36	491 500.25
经营活动现金流净额	0.00	8 356.52	8 639.88
投资活动现金流净额	0.00	84.01	597.99
筹资活动现金流净额	0.00	−1 568.27	−7 576.79

续表

资产负债简表结构和对比								
项目	2012年9月		2011年			2010年		
	数值（万元）	%	数值（万元）	%	同行业比例	数值（万元）	%	同行业比例
报表口径	本部		本部			本部		
是否已审计	否		是			是		
审计意见			无保留意见			保留意见		
审计事务所名称			天健会计师事务所			天健会计师事务所有限公司		
总资产	222 540.17	100.00	222 244.07	100.00		186 358.90	100.00	
流动资产	189 510.09	85.16	194 262.79	87.41	0.00	161 714.61	86.78	0.00
货币资金	9 558.68	4.30	21 621.75	9.73	0.00	17 726.65	9.51	0.00
应收账款	61 236.02	27.52	60 222.64	27.10	0.00	56 055.34	30.08	0.00
其他应收款	37 349.44	16.78	41 844.42	18.83	0.00	26 092.17	14.00	0.00
存货	60 186.63	27.05	50 260.26	22.61	0.00	32 758.49	17.58	0.00
长期投资	14 667.02	6.59	10 167.02	4.57	0.00	10 167.02	5.46	0.00
固定资产净值	9 946.06	4.47	10 025.24	4.51	0.00	9 839.73	5.28	0.00
无形资产	4 763.62	2.14	4 847.28	2.18	0.00	4 015.63	2.15	0.00
流动负债	176 035.71	79.10	174 942.61	78.72	0.00	144 417.77	77.49	0.00
短期借款及一年内到期的长期借款	7 000.00	3.15	7 000.00	3.15	0.00	2 500.00	1.34	0.00
应付票据	19 469.12	8.75	12 289.50	5.53	0.00	6 541.40	3.51	0.00
应付账款	80 966.98	36.38	89 142.65	40.11	0.00	78 324.80	42.03	0.00
长期借款合计	0.00	0.00	0.00	0.00	0.00	0.00	0.00	0.00
所有者权益合计	42 175.42	18.95	38 482.50	17.32	0.00	37 978.73	20.38	0.00
实收资本	36 220.00	16.28	36 220.00	16.30	0.00	36 220.00	19.44	0.00
未分配利润和盈余公积	2 689.65	1.21	2 262.50	1.02	0.00	1 758.73	0.94	0.00

续表

损益表结构和对比								
项目	2012年9月		2011年			2010年		
	数值（万元）	%	数值（万元）	%	同行业比例	数值（万元）	%	同行业比例
主营业务收入净额	378 594.59	100.00	451 907.73	100.00		377 014.15	100.00	
主营业务成本	357 358.08	94.39	430 308.14	95.22	0.00	355 138.01	94.20	0.00
主营业务利润	9 309.45	2.46	6 880.39	1.52	0.00	9 298.54	2.47	0.00
营业费用	0.00	0.00	0.00	0.00	0.00	0.00	0.00	0.00
管理费用	6 935.72	1.83	5 559.73	1.23	0.00	4 565.78	1.21	0.00
财务费用	280.79	0.07	-6.86	-0.00	0.00	257.73	0.07	0.00
营业利润	2 106.19	0.56	1 782.83	0.39	0.00	4 825.41	1.28	0.00
利润总额	2 019.70	0.53	1 924.64	0.43	0.00	4 733.75	1.26	0.00
净利润	1 518.09	0.40	1 438.59	0.32	0.00	3 514.21	0.93	0.00

现金流			
项目	2012年9月	2011年	2010年
	数值（万元）	数值（万元）	数值（万元）
经营活动现金流入量	0.00	0.00	390 543.31
经营活动现金流出量	0.00	0.00	383 606.72
经营活动现金流净额	0.00	0.00	6 936.59
投资活动现金流净额	0.00	0.00	1 030.81
筹资活动现金流净额	0.00	0.00	-6 647.39

续表

第一还款来源分析 借款人财务分析（2）—财务指标									
指标内容	指标名称	2011 年合并		2010 年合并		2009 年合并		平均值	
		企业	行业中位值	企业	行业中位值	企业	行业中位值	企业	行业
盈利能力	主营业务利润率（%）	3.07	0.00	2.93	0.00	2.62	0.00	2.87	0.00
	息税前营业利润率（%）	1.19	0.00	1.24	0.00	0.94	0.00	1.12	0.00
	总资产收益率（%）	1.74	0.00	1.91	0.00	1.41	0.00	1.69	0.00
	净资产收益率（%）	10.31	0.00	8.36	0.00	4.10	0.00	7.59	0.00
经营效率	存货周转天数（天）	55.62		44.05		37.37		45.68	
	应收账款周转天数（天）	44.19		34.96		27.03		35.39	
	应付账款周转天数（天）	73.73		52.21		32.50		52.81	
	总资产周转率（%）	202.88	0.00	241.13	0.00	278.24	0.00	240.75	0.00
流动性和短期偿债能力	盈余现金保障倍数	1.78		2.31		3.45		2.51	
	留存现金流与总资本支出比	1.12		1.29		2.52		1.64	
	长期资产适合率（倍）	2.20		2.46		2.83		2.49	
	息税前利润利息保障倍数	14.90		10.64		3.23		9.59	
	流动比率（倍）	1.15		1.17		1.42		1.25	
	速动比率（倍）	0.55		0.64		0.78		0.66	
长期偿债能力	资产负债率（%）	83.66	0.00	82.53	0.00	67.36	0.00	77.85	0.00
	调整后的资产负债率（%）	85.99	0.00	84.15	0.00	69.11	0.00	79.75	0.00
	总有息债务/留存现金流（倍）	2.07		1.99		4.19		2.75	

续表

指标内容	指标名称	2011 年本部		2010 年本部		2009 年本部		平均值	
		企业	行业中位值	企业	行业中位值	企业	行业中位值	企业	行业
盈利能力	主营业务利润率（%）	1.52	0.00	2.47	0.00	1.98	0.00	1.99	0.00
	息税前营业利润率（%）	0.29	0.00	1.26	0.00	0.75	0.00	0.77	0.00
	总资产收益率（%）	0.70	0.00	2.40	0.00	7 777 700.00	0.00	2 592 567.70	0.00
	净资产收益率（%）	3.76	0.00	9.27	0.00	7 777 700.00	0.00	2 592 571.01	0.00
经营效率	存货周转天数（天）	34.73		24.64		77 777.00		25 945.46	
	应收账款周转天数（天）	47.04		37.82		77 777.00		25 953.95	
	应付账款周转天数（天）	74.20		55.46		77 777.00		25 968.89	
	总资产周转率（%）	221.20	0.00	257.65	0.00	7 777 700.00	0.00	2 592 726.28	0.00
流动性和短期偿债能力	盈余现金保障倍数	0.00		1.97		2.08		1.35	
	留存现金流与总资本支出比	0.00		1.61		1.93		1.18	
	长期资产适合率（倍）	1.69		1.70		1.69		1.69	
	息税前利润利息保障倍数	100.00		18.36		2.96		40.44	
	流动比率(倍)	1.11		1.12		1.23		1.15	
	速动比率(倍)	0.72		0.70		0.78		0.73	
长期偿债能力	资产负债率（%）	82.68	0.00	79.62	0.00	64.37	0.00	75.56	0.00
	调整后的资产负债率（%）	84.53	0.00	81.37	0.00	65.82	0.00	77.24	0.00
	总有息债务/留存现金流（倍）	1 073.70		0.45		3.45		359.20	

续表

<table>
<tr><th>借款人财务分析总结</th></tr>
<tr><td>新大建设集团有限公司2011年完成销售收入54.9亿元，利润总额6 376万元，净利润4 705万元；2011年数据为企业合并报表数据，集合了下属钢结构、安装等几个子公司。
截至2012年6月末，企业总资产28.95亿万元，与2011年末基本相当，企业存货，也就是未结算工程9.02亿元，较年初减少略有增加。由于企业拥有每年60亿~70亿元的接单能力，所以在建未结算工程沉淀较大。企业应收账款截至2012年6月末为6.96亿元，与年初基本持平；企业应收账款客户数较多，但单笔金额不大，一般在几百万元；企业其他应收款5.1亿元，与年初基本相当；其他应收款主要是工程质保金和项目押金及母公司占款等。由于省二建每年承接和完工工程量大，积累下来的质保金和各项押金累计数量相当大，同时由于在合同项下需要质保金等各项押金的事实，所以看来，该科目出现大笔坏账的可能性不大。企业对外投资仅1 000多万元，主要投资企业均是施工企业上下游关联企业，如钢结构、设备安装、劳务公司等。
企业其他财务数据变化不大，固定资产15 699万元，主要是在镇海的几块土地；应付账款9.87亿元主要是各个项目需要支付的材料款和分包工程的工程款。由于甲方单位付款都较慢，所以省二建支付材料款和工程款也较慢，造成较大的应付款，但应付款是分散在各个项目上，由于省二建各个项目众多，所以分摊到项目上的单个项目应付款相对较小。企业2012年前6个月实现主营业务收入28.09亿元，预计全年主营可达到60亿元，6月实现净利润1 489万元，盈利能力一般。
截至2012年6月末，企业资产负债率为83.1%；主营业务利润率3.17%，总资产收益率0.51%，净资产收益率3.68%；企业盈利水平一般，行业盈利水平也普遍较低，这和建筑业主要以资金推动型的发展模式有关。企业流动资产合计25.91亿元，流动负债合计22.62亿元，流动比率1.15，速动比率0.64。在建筑企业中，流动比和速动比尚可。
企业2012年保持稳步发展，前9个月已累计中标58亿元，业务发展有保证。
该公司在建筑同行业中实力较强，工程质量高。企业流动比率和速动比率较好，具有较强的长短期偿债能力。公司近3年保持较稳定、良好的盈利水平，得益于良好的宏观大环境，以及企业稳定务实的发展思路。企业利用自身独特的建筑技术专业，承接省内的大型电厂、电化、烟塔等工程，并且积极介入市场化项目，取得了较好的社会效应和经济效应。
总体来讲，企业财务状况良好，所以客户经理认为评级在A级较为合理。</td></tr>
<tr><th>借款人总体评价</th></tr>
<tr><td>新大建设公司建设集团有限公司作为浙江省建设业中的一支老牌力量，在建筑行业中享有很高的美誉度。该企业在建筑业中创造了不少第一，被誉为“施工劲旅，建筑铁军”。其承建过的项目众多，获得的奖项也举不胜举。企业经营风格稳健，对于所承建的项目质量把控很严，对下属人员的素质培养也很重视，培养了一大批技术型人才。</td></tr>
</table>

续表

<table>
<tr><td>企业不同于其他建筑企业的是，在拥有一般建筑施工能力的同时，拥有自己的专业特长，在电厂、电化、烟塔、深基坑等方面拥有全国领先技术。所以在浙江省内，涉及以上方面的施工项目一般都由新大建设公司承接，企业具有明显的专业施工特点。该优势也为企业的承接项目打下良好的基础。
企业的财务状况良好，生产施工正常，承接工程量大，接单能力强。总体上来讲，给予该企业授信，风险可控，能为银行带来一定的中间业务收入和部分结算收入。</td></tr>
<tr><td>主办客户经理意见</td></tr>
<tr><td>本次授信的企业为浙江省老牌施工建筑企业，企业拥有多种施工资质，拥有丰富的专业技术人员和专业施工设施，在近年的发展中，新大建设公司稳步发展，年施工能力逐步扩大，形成了在浙江省内年施工业务量近70亿元的能力，在浙江省内排名前列。但该企业在银行的授信额度相比同业相对较少，银行此次授信的优势在于企业本身运行良好，有很强的抗风险能力，银行开展的主要是保函业务，授信品种安全性高，风险可控，可为银行带来一定的中间业务收入；另外申请8 000万元模式化商票直贴领用额度，用于企业开立商票，上游企业来银行贴现，银行希望借此争取企业的部分结算，所以特此上报授信，请审批部门参阅。</td></tr>
</table>

<table>
<tr><td colspan="7">授信方案</td></tr>
<tr><td>额度类型</td><td colspan="2">公开授信额度</td><td>授信方式</td><td colspan="3">综合授信额度</td></tr>
<tr><td>授信额度(万元)</td><td colspan="2">18 000.00</td><td>授信期限（月）</td><td colspan="3">12</td></tr>
<tr><td>授信品种</td><td>币种</td><td>金额
（万元）</td><td>保证金比例</td><td>期限
（月）</td><td>利/费率</td><td>是否循环</td></tr>
<tr><td>履约保函</td><td>人民币</td><td>10 000.00</td><td>10</td><td>12</td><td>按银行规定</td><td>是</td></tr>
<tr><td>商业承兑汇票
贴现（直贴）</td><td>人民币</td><td>8 000.00</td><td></td><td>12</td><td>按银行规定</td><td>是</td></tr>
<tr><td>贷款性质</td><td>新增</td><td colspan="2">本次授信敞口
（万元）</td><td>17 000.00</td><td>授信总敞口
（万元）</td><td>17 000.00</td></tr>
<tr><td>担保方式及内容</td><td colspan="6">信用</td></tr>
<tr><td>授信风险分类</td><td colspan="2">正常三级</td><td colspan="2">预计损失金额(万元)</td><td colspan="2"></td></tr>
</table>

立金银行培训中心名言

1. 作为商业银行，财政等非授信存款不可缺少，是存款的根基，打下牢固的金字塔基座。授信带来的存款作为商业银行可以持续发展的保证，但财政存款和授信存款必须相辅相成，不可偏废。在中国，政府始终是商业银行最大的客户、最优质的客户，请牢牢记住。

2. 信贷资源极为珍贵，要提供给忠诚于银行的客户。客户必须在银行提高存贷比，必须提高对银行的忠诚度，银行才会对客户提供源源不断的信贷资源。客户有情，银行自然有义；客户无情，我们有义，我们就是傻瓜。

3. 贷前问用途，贷后问效果。做客户经理要做个有心的客户经理，在申报信贷项时，要仔细甄别企业的借款用途，看用途是否合理；在办理信贷项目后，要看企业使用信贷资金后的经营效果，对企业使用信贷资金的效果进行评价，扎扎实实地控制风险。

4. 商业银行所有风险的核心在于失去对借款人现金流的掌控，银行必须牢牢控制借款人的经营现金流。以现金管理的思维来营销公司信贷业务，以公司信贷来推动现金管理业务，以现金管理 + 公司信贷来控制企业违约风险。

5. 自偿性融资是银行的放款原则之一，银行以实质交易产生的自偿性票据或销售回款为放款的依据，对之贴现或以它为隐性担保而放款。银行必须提前判断企业的未来现金流，融资其实就是未来远期现金流的折现计算。

6. 对所有的客户经理的建议：世界上还有很多客户，只要你把它做透了，对银行产品琢磨透了，做成业务专家，你就能够为自己创造成功的机会。

7. 好心态才有好状态。我们每天都要保持一个好的心态，感激同事，感激客户；每天都要保持一个好的状态，像个高速运转的信贷机器，为银行和企业谋利。

8. 看企业是否是好企业，看销售收入，看应收账款，销售收入必须大，但是应收账款最好别太大，应收账款占销售收入很小的比重；如果应收账款

在销售收入中占很大比重，那就必须看应收账款的拖欠方，如果拖欠方是巨型企业，仍然不要怕，这个企业还是好企业。

9. 成功的人是跟别人学习经验，失败的人只跟自己学习经验。成功不是将来才有的，而是从决定去做的那一刻起，持续累积而成。

10. 授信产品是银行产品“百花园”中的牡丹，为王中之王，对客户而言是雪中送炭的东西。没有授信产品，其他产品很难销售。不懂得授信产品，客户经理无法立足。